El Gran Libro de los Camarones y Langostinos Un Festín de Sabores del Mar

Desde las clásicas gambas al ajillo hasta los tacos picantes de camarones descubre las 100 mejores recetas para los amantes de los mariscos

Xavier Martin

Material con derechos de autor ©2025

Reservados todos los derechos

Sin el debido consentimiento por escrito del editor y propietario de los derechos de autor, este libro no se puede utilizar ni distribuir de ninguna manera, excepto por breves citas utilizadas en una reseña. Este libro no debe considerarse un sustituto del asesoramiento médico, legal o de otro tipo profesional.

TABLA DE CONTENIDO

TABLA DE CONTENIDO 3

INTRODUCCIÓN 7

1. Camarones fritos cajún y ostras 8
2. Bocaditos de bullabesa 10
3. Linguini y gambas al ajillo 12
4. Camarones a la plancha sobre tostadas de alioli con azafrán ... 14
5. Rape de Bombay 17
6. Paella de pollo, gambas y chorizo 19
7. Bocaditos de camarones a la menta 22
8. Kiwi y camarones 24
9. Queso de cabra con hierbas y camarones prosciutto 26
10. Gnocchetti con camarones y pesto 28
11. Palomitas de maíz acadianas 31
12. Brochetas de mariscos glaseadas con manzana 33
13. Ensaladas De Camarones Y Espinacas 35
14. soufflé de camarones 37
15. Ceviche Peruano 39
16. Fondue De Cheddar Con Salsa De Tomate 41
17. Dip picante de camarones y queso 43
18. Gumbo de pato 45
19. Pato al curry con piña 48
20. Pato al curry BBQ con lichis 51
21. Ceviche de mariscos a la parrilla 54
22. Ceviche de camarones al jengibre sobre cebada japonesa ... 56
23. Ceviche Tosti 59
24. Ceviche Ecuatoriano 61
25. Ceviche de camarones cóctel de Cameron 63

26. Camarones rosados curados en sal con ceviche tierno de coco 66
27. Ceviche de pescado y camarones 68
28. Ceviche Cóctel Estilo 1990 70
29. Ceviche de bacalao, ahi y tomate tradicional 72
30. Ceviche de camarones 74
31. Tacos o dip de ceviche de camarón y aguacate 76
32. Ceviche del suroeste 78
33. Ceviche de camarones picante al estilo Laos 81
34. Ceviche picante de camarones, lima y aguacate 83
35. Ceviche arcoíris 85
36. Ceviche de carne y camarones de Oregón 88
37. Ceviche De Camarones Y Caracol 90
38. Ceviche picante caribeño 92
39. Ceviche de verano 95
40. Ceviche de camarones y cangrejo 97
41. Ceviche de camarones y mango 99
42. Ceviche De Camarón Estilo Sonora 101
43. Ceviche De Camarones Y Aguacate-Estilo Sarita 103
44. Ceviche estilo Sinaloa 105
45. Ceviche combinado de mariscos 107
46. Ceviche María Sangrienta 110
47. Sashimi de ceviche de tilapia y camarones 112
48. Ceviche americano 114
49. Ceviche De Camarones Y Aguacate 116
50. Ceviche Peruano 118
51. Autorretrato de ceviche 120
52. Ceviche Solero 122
53. Ceviche estilo Yucatán 124
54. Sashimi de ceviche de camarones 126

55. Dip picante de camarones y queso 128

56. Buñuelos De Camarones Picantes 130

57. Rollitos de camarones portugueses 132

58. caldo de camarones 134

59. Caldo de gumbo de mariscos 136

60. Gumbo de pato 138

61. Pollo Okra Gumbo 141

62. Gumbo de ternera 144

63. Gumbo De Camarones 146

64. Gumbo de pollo y camarones 148

65. Gumbo de la Costa del Golfo 150

66. Pollo, camarones y Tasso Gumbo 153

67. Gumbo criollo 156

68. Gumbo de mariscos criollo 159

69. Camarones y okra gumbo 163

70. Súper Gumbo 166

71. Filé Gumbo 170

72. Gumbo sin Roux 173

73. Almejas, camarones y cangrejo 176

74. Étouffée de camarones 179

75. Sopa de camarones jamaicana 182

76. Gumbo de bagre cajún 184

77. Jambalaya de pollo, camarones y salchichas 187

78. Jambalaya en olla de cocción lenta 190

79. Rollos de repollo rellenos de Jambalaya 192

80. Jambalaya de camarones rotos 195

81. Jambalaya de cuscús 197

82. Sopa de maíz y camarones 199

83. Camarones y Sémola 202

84. Rémoulade de camarones 205

85. Mirlitons Rellenos 207

86. Chile Lagniappe 210

87. Tazones de rollitos de primavera de calabacín 213

88. Ensalada de quinua y camarones 215

89. Camarones con resaca 217

90. Rollitos de camarones en molinete 219

91. Pasta con pesto con queso, camarones y champiñones 222

92. Camarones Al Pesto Con Queso Y Pasta 225

93. Camarones al coco con hummus al curry 227

94. Camarones con mantequilla de ajo 229

95. Camarones Cajún Y Arroz 231

96. Tacos de camarones 233

97. Camarones Alfredo 235

98. Arroz frito con camarones 237

99. Curry De Camarones Y Coco 240

100. Brochetas de camarones a la parrilla 242

CONCLUSIÓN 244

INTRODUCCIÓN

Sumérgete en un mundo de sabores marinos con *El Gran Libro de los Camarones y Langostinos Un Festín de Sabores del Mar*, la guía definitiva para quienes aman disfrutar de estos exquisitos ingredientes en todas sus formas. Con más de 100 recetas inspiradas en la cocina internacional, este libro te ayudará a preparar desde los clásicos más reconfortantes hasta creaciones innovadoras que sorprenderán a tu paladar.

Descubre cómo cocinar camarones y langostinos con técnicas sencillas y consejos expertos que realzarán su sabor y textura. Desde platos rápidos y fáciles hasta recetas gourmet para ocasiones especiales, cada página está llena de inspiración para que disfrutes de lo mejor del mar en tu mesa.

Ya sea que prefieras los sabores tradicionales como las gambas al ajillo y el ceviche refrescante o que busques aventurarte con tacos picantes, currys aromáticos y arroces cremosos, aquí encontrarás la receta perfecta para cada antojo. ¡Déjate llevar por la frescura y versatilidad de los mariscos y convierte cada comida en una experiencia inolvidable!

1. Camarones fritos cajún y ostras

Rinde: 4 PORCIONES

INGREDIENTES
1 libra de ostras frescas sin cáscara
1 libra de camarones gigantes crudos, pelados y desvenados
2 huevos, ligeramente batidos por separado
¾ taza de harina para todo uso
½ taza de polenta
2 cucharaditas de condimento cajún
½ cucharadita de pimienta limón
2 tazas de aceite vegetal, para freír

INSTRUCCIONES:
a) Coloque las ostras en un tazón mediano y coloque los camarones en un recipiente aparte. Rocíe los huevos sobre los camarones y las ostras (1 huevo por tazón) y asegúrese de que todo quede bien cubierto. Deja los tazones a un lado.
b) En una bolsa grande para congelador con cierre hermético, agregue la harina, la polenta, el condimento cajún y la pimienta con limón. Agita la bolsa para asegurarte de que todo esté bien mezclado. Agregue los camarones a la bolsa y agítelos para cubrirlos, luego retire los camarones y colóquelos en una bandeja para hornear. Ahora agrega las ostras a la bolsa y repite el proceso.
c) En una freidora o sartén, caliente el aceite vegetal a aproximadamente 350 a 360 grados F. Fríe los camarones hasta que estén dorados, aproximadamente de 3 a 4 minutos. Luego fríe las ostras hasta que estén doradas, aproximadamente 5 minutos. Coloque los mariscos en un plato forrado con papel toalla para ayudar a absorber parte del exceso de aceite. Sirva con su salsa favorita.

2. Bocaditos de bullabesa

Hace: 24

INGREDIENTES
- 24 Camarones medianos, pelados y desvenados
- 24 Vieiras medianas
- 2 tazas de salsa de tomate
- 1 lata de almejas picadas (6-½ oz)
- 1 cucharada de Pernod
- 20 mililitros
- 1 hoja de laurel
- 1 cucharadita de albahaca
- ½ cucharadita de sal
- ½ cucharadita de pimienta recién molida
- Ajo, picado
- Azafrán

INSTRUCCIONES:
a) Ensarte los camarones y las vieiras en brochetas de bambú de 8 pulgadas, usando 1 camarón y 1 vieira por brocheta; Envuelve la cola de los camarones alrededor de la vieira.
b) Mezcle la salsa de tomate, las almejas, el Pernod, el ajo, la hoja de laurel, la albahaca, la sal, la pimienta y el azafrán en una cacerola. Llevar la mezcla a ebullición.
c) Coloque el pescado ensartado en una fuente para horno poco profunda.
d) Rocíe la salsa sobre las brochetas. Hornee, descubierto, a 350 grados durante 25 minutos.

3. Linguini y gambas al ajillo

Hace: 6

INGREDIENTES
- 1 paquete de pasta linguini
- ¼ taza de mantequilla
- 1 pimiento rojo picado
- 5 dientes de ajo picados
- 45 camarones grandes crudos, pelados y desvenados ½ taza de vino blanco seco ¼ taza de caldo de pollo
- 2 cucharadas de jugo de limón
- ¼ taza de mantequilla
- 1 cucharadita de hojuelas de pimiento rojo triturado
- ½ cucharaditas de azafrán
- ¼ taza de perejil picado
- Sal al gusto

INSTRUCCIONES:
a) Cocine la pasta según las instrucciones del paquete, lo que debería tomar unos 10 minutos.
b) Escurrir el agua y reservar.
c) En una sartén grande, derrita la mantequilla.
d) Cocine los pimientos morrones y el ajo en una sartén durante 5 minutos.
e) Agrega los camarones y continúa salteando por otros 5 minutos.
f) Retire los camarones a un plato, pero conserve el ajo y la pimienta en la sartén.
g) Llevar a ebullición el vino blanco, el caldo y el jugo de limón.
h) Regrese los camarones a la sartén con otras 14 tazas de mejor.
i) Agrega las hojuelas de pimiento rojo, el azafrán y el perejil y sazona al gusto con sal.
j) Cocine a fuego lento durante 5 minutos después de mezclar con la pasta.

4. Camarones a la Plancha sobre Tostadas de Allioli con Azafrán

Hace: 4

INGREDIENTES
ALIOLI
- 1 pizca grande de azafrán
- 1 yema de huevo grande
- 1 diente de ajo, finamente picado
- 1 cucharadita de sal kosher
- 1 taza de aceite de oliva virgen extra, preferiblemente español
- 2 cucharaditas de jugo de limón, y más si es necesario

CAMARÓN
- Cuatro rebanadas de pan de campo de ½ centímetro de grosor
- 2 cucharadas de aceite de oliva virgen extra de buena calidad, preferiblemente español
- 1½ libras jumbo
- 20 camarones pelados
- Sal kosher
- 2 limones partidos por la mitad
- 3 dientes de ajo, finamente picados
- 1 cucharadita de pimienta negra recién molida
- 1 taza de jerez seco
- 2 cucharadas de perejil de hoja plana picado en trozos grandes

INSTRUCCIONES:
a) Prepare el alioli: en una sartén pequeña a fuego medio, tueste el azafrán hasta que esté quebradizo, de 15 a 30 segundos.
b) Colóquelo en un plato pequeño y use el dorso de una cuchara para triturarlo. En un tazón mediano, agregue el azafrán, las yemas de huevo, el ajo y la sal y bata vigorosamente hasta que estén bien combinados.
c) Comience a agregar el aceite de oliva unas gotas a la vez, batiendo bien entre adiciones, hasta que el alioli comience a espesarse, luego rocíe el aceite restante en la mezcla en un chorro muy lento y constante, batiendo el alioli hasta que esté espeso y cremoso.

d) Agrega el jugo de limón, prueba y ajusta con más jugo de limón y sal según sea necesario. Transfiera a un tazón pequeño, cubra con film transparente y refrigere.
e) Haga las tostadas: ajuste la rejilla del horno a la posición más alta y el asador a temperatura alta. Coloque las rebanadas de pan en una bandeja para hornear con borde y unte ambos lados del pan con 1 cucharada de aceite.
f) Tuesta el pan hasta que esté dorado, unos 45 segundos. Voltee el pan y tueste el otro lado (observe atentamente el asador, ya que la intensidad del asador varía), durante 30 a 45 segundos más. Saca el pan del horno y coloca cada rebanada en un plato.
g) En un bol grande, coloca los camarones. Use un cuchillo de cocina para hacer un corte poco profundo en la parte posterior curva de los camarones, quitando la vena (si la hay) y dejando la cáscara intacta. Caliente una sartén grande de fondo grueso a fuego medio-alto hasta que esté casi humeante, de 1½ a 2 minutos.
h) Agrega la 1 cucharada restante de aceite y los camarones. Espolvorea una buena pizca de sal y el jugo de medio limón sobre los camarones y cocina hasta que los camarones comiencen a rizarse y los bordes de la cáscara se doren de 2 a 3 minutos.
i) Use unas pinzas para darle la vuelta a los camarones, espolvoree con más sal y el jugo de otra mitad de limón y cocine hasta que los camarones tengan un color rosa brillante, aproximadamente 1 minuto más. Haga un hueco en el centro de la sartén y agregue el ajo y la pimienta negra; Una vez que el ajo esté fragante, después de unos 30 segundos, agregue el jerez, cocine a fuego lento y agregue la mezcla de ajo y jerez a los camarones.
j) Cocine, revolviendo y raspando los trozos marrones del fondo de la sartén en la salsa. Apagar el fuego y exprimir el jugo de otra mitad de limón. Corta la mitad de limón restante en gajos.
k) Unta la parte superior de cada rebanada de pan con una cucharada generosa de alioli de azafrán. Divide los camarones en los platos y vierte un poco de salsa sobre cada porción. Espolvorea con perejil y sirve con rodajas de limón.

5. Rape de Bombay

Hace: 1

INGREDIENTES
- 1 libra de rape, sin piel
- leche para cubrir
- ¼ de libra de camarones sin cáscara
- 2 huevos
- 3 cucharadas de pasta de tomate ½ cucharadita de curry en polvo
- 2cucharadas de jugo de limón
- ¼ de cucharadita de romero fresco, picado
- 1 pizca de azafrán o cúrcuma ¾ taza de crema ligera
- Sal y pimienta para probar

INSTRUCCIONES:

a) Precalienta el horno a 350F. Pon el rape en una sartén lo suficientemente grande como para que quepa. Vierte la leche y coloca la cacerola a fuego moderado.

b) Llevar a fuego lento, tapar y cocinar durante 8 minutos. Voltee el pescado y cocine 7 minutos más, o hasta que esté bien cocido.

c) Cuando el rape esté casi cocido, añade las gambas y cocina durante 2 o 3 minutos, o hasta que adquieran un color rosado.

d) Escurrir el pescado y los camarones, desechando la leche.

e) Cortar el rape en trozos pequeños. Batir los huevos con la pasta de tomate, el curry en polvo, el jugo de limón, el romero, el azafrán y ½ taza de crema.

f) Incorpora el pescado y los camarones y sazona al gusto con sal y pimienta.

g) Conviértalo en 4 moldes individuales y vierta una cantidad igual de la crema restante sobre la parte superior de cada plato.

h) Hornee por 20 minutos o hasta que cuaje. Servir caliente con un chorrito de limón y pan crujiente tipo francés.

6. Paella de pollo, gambas y chorizo

INGREDIENTES

- ½ cucharadita de hebras de azafrán trituradas
- 2 cucharadas de aceite de oliva
- 1 libra de muslos de pollo deshuesados y sin piel, cortados en trozos de 2 pulgadas
- 4 onzas de chorizo estilo español cocido y ahumado, en rodajas
- 1 cebolla mediana, picada
- 4 dientes de ajo, picados
- 1 taza de tomates rallados gruesos
- 1 cucharada de pimentón dulce ahumado
- 6 tazas de caldo de pollo reducido en sodio
- 2 tazas de arroz español de grano corto, como bomba, Calasparra o Valencia
- 12 camarones grandes, pelados y desvenados
- 8 onzas de guisantes congelados, descongelados
- Aceitunas verdes picadas (opcional)
- Perejil italiano picado

INSTRUCCIONES:

a) En un tazón pequeño combine el azafrán y 1/4 taza de agua caliente; dejar reposar 10 minutos.

b) Mientras tanto, en una paellera de 15 pulgadas, caliente el aceite a fuego medio-alto. Agrega el pollo a la sartén. Cocine, volteando ocasionalmente, hasta que el pollo se dore, aproximadamente 5 minutos. Agrega el chorizo. Cocine 1 minuto más. Transfiera todo a un plato. Agrega la cebolla y el ajo a la sartén. Cocine y revuelva durante 2 minutos. Agrega los tomates y el pimentón. Cocine y revuelva 5 minutos más o hasta que los tomates estén espesos y casi como una pasta.

c) Regrese el pollo y el chorizo a la sartén. Agrega el caldo de pollo, la mezcla de azafrán y 1/2 cucharadita de sal; llevar a ebullición a fuego alto. Agregue el arroz a la sartén, revolviendo una vez para distribuirlo uniformemente. Cocine, sin revolver, hasta que el arroz haya absorbido la mayor parte del líquido, aproximadamente 12 minutos. (Si su sartén es más grande que su hornilla, gírela cada pocos minutos para asegurarse de que el arroz se cocine de manera uniforme). Reduzca el fuego a bajo. Cocine, sin revolver, de 5 a 10 minutos más hasta que se absorba todo el líquido y el arroz esté al dente. Cubra con camarones y guisantes. Sube el fuego a alto. Cocine sin revolver, de 1 a 2 minutos más (los bordes deben verse secos y se debe formar una costra en el fondo). Eliminar. Cubra la sartén con papel de aluminio. Dejar reposar 10 minutos antes de servir. Cubra con aceitunas, si lo desea, y perejil.

7. Bocaditos de camarones a la menta

Hace: 16

INGREDIENTES
- 2 cucharadas de aceite de oliva
- 10 onzas de camarones, cocidos
- 1 cucharada de menta, picada
- 2 cucharadas de eritritol
- ⅓ taza de moras, molidas
- 2 cucharaditas de curry en polvo
- 11 rebanadas de prosciutto
- ⅓ taza de caldo de verduras

INSTRUCCIONES:
a) Rocíe aceite sobre cada camarón después de envolverlos en rodajas de prosciutto.
b) En su olla instantánea, combine las moras, el curry, la menta, el caldo y el eritritol, revuelva y cocine durante 2 minutos a fuego lento.
c) Agregue la canasta vaporera y los camarones envueltos a la olla, cubra y cocine durante 2 minutos a temperatura alta.
d) Coloque los camarones envueltos en un plato y rocíe con salsa de menta antes de servir.

8. Kiwi y camarones

Rinde: 4 porciones

INGREDIENTES
- 3 kiwis
- 3 cucharadas de aceite de oliva
- 1 libra de camarones, pelados
- 3 cucharadas de harina
- ¾ taza de Prosciutto, cortado en tiras finas
- 3 chalotes, finamente picados
- ⅓ cucharadita de chile en polvo
- ¾ taza de vino blanco seco

INSTRUCCIONES:

a) Pelar los kiwis. Reserva 4 rodajas para decorar y pica la fruta restante. En una sartén pesada o wok, caliente el aceite. Mezcle los camarones en harina y saltee durante 30 segundos.

b) Agregue el prosciutto, las chalotas y el chile en polvo. Saltee otros 30 segundos. Agrega el kiwi picado y saltea durante 30 segundos. Agrega el vino y reduce a la mitad.

c) Servir inmediatamente.

9. Queso de cabra con hierbas y camarones prosciutto

Rinde: 4 porciones

INGREDIENTES
12 cucharadas de queso de cabra
1 cucharadita de perejil fresco picado
1 cucharadita de estragón fresco picado
1 cucharadita de perifollo fresco picado
1 cucharadita de orégano fresco picado
2 cucharaditas de ajo picado
Sal y pimienta
12 camarones grandes, pelados, con la cola y mariposa
12 lonchas finas de prosciutto
2 cucharadas de aceite de oliva
Un chorrito de trufa blanca
Aceite

En un tazón, mezcle el queso, las hierbas y el ajo. Sazona la mezcla son sal y pimienta. Sazone los camarones con sal y pimienta. Presione una cucharada del relleno en la cavidad de cada camarón. Envuelva bien cada camarón con un trozo de prosciutto. En una sartén calentar el aceite de oliva. Cuando el aceite esté caliente, agregue los camarones rellenos y dore durante 2 a 3 minutos por cada lado, o hasta que los camarones se pongan rosados y sus colas se curvan hacia el cuerpo. Retirar de la sartén y colocar en un plato grande. Rocíe los camarones con aceite de trufa.

Adorne con perejil.

10. Gnocchetti con camarones y pesto

Rinde: 4–6

INGREDIENTES
- Masa De Sémola

PESTO DE PISTACHO
- 1 taza de pistachos
- 1 manojo de menta
- 1 diente de ajo
- ½ taza de pecorino romano rallado
- ½ taza de aceite de oliva
- Sal kosher
- Pimienta negra recién molida
- 8 onzas de habas
- Aceite de oliva
- 3 dientes de ajo, picados
- 2 libras de camarones grandes, limpios
- Pimiento rojo triturado, al gusto
- Sal kosher
- Pimienta negra recién molida
- ¼ taza de vino blanco
- 1 limón, rallado

INSTRUCCIONES

a) Espolvoree dos bandejas para hornear con harina de sémola.

b) Para hacer los gnocchetti, corta un pequeño trozo de masa y cubre el resto de la masa con film transparente. Con las manos, enrolle el trozo de masa hasta formar una cuerda de aproximadamente ½ pulgada de grosor. Corta trozos de masa de ½ pulgada de la cuerda. Con el pulgar, empuje suavemente el trozo de masa sobre una tabla de ñoquis, alejándolo de su cuerpo para que cree una ligera hendidura. Coloque los gnocchetti en las bandejas espolvoreadas con sémola y déjelos descubiertos hasta que estén listos para cocinar.

c) Para hacer el pesto de pistacho, en un procesador de alimentos, agrega los pistachos, la menta, el ajo, el pecorino romano, el aceite de oliva, la sal y la pimienta negra recién molida y procesa hasta obtener un puré.

d) Prepara un recipiente con agua helada. Retire las habas de la vaina. Blanquear las habas cocinándolas en agua hirviendo hasta que estén tiernas, aproximadamente 1 minuto. Retirar del agua y colocar en el baño de hielo. Cuando esté lo suficientemente frío, retíralo del agua y resérvalo en un bol. Retire la capa exterior cerosa del frijol y deséchela.

e) Ponga a hervir una olla grande de agua con sal. Mientras tanto, en una sartén grande a fuego alto, agrega un chorrito de aceite de oliva, ajo, camarones, pimiento rojo triturado, sal y pimienta negra recién molida. Mientras se cocinan los camarones, coloque la pasta en el agua hirviendo y cocine hasta que esté al dente, aproximadamente de 3 a 4 minutos. Agrega la pasta a la sartén con vino blanco y deja cocinar hasta que el vino se reduzca a la mitad, aproximadamente un minuto.

f) Para servir, divida la pasta en tazones. Adorne con ralladura de limón y pesto de pistacho.

11. palomitas de maíz acadienses

INGREDIENTES

- 2 libras de camarones pequeños
- 2 huevos grandes
- 1 taza de vino blanco seco
- ½ taza de polenta
- ½ taza de harina
- 1 cucharada de cebollino fresco
- 1 diente de ajo, picado
- ½ cucharadita de hojas de tomillo
- ½ cucharadita de perifollo
- ½ cucharadita de sal de ajo
- ½ cucharadita de pimienta negra
- ½ cucharadita de pimienta de cayena
- ½ cucharadita de pimentón
- aceite para freír

INSTRUCCIONES:

a) Enjuague los cangrejos o camarones en agua fría, escúrralos bien y reserve hasta que los necesite. Batir los huevos y el vino en un tazón pequeño y luego refrigerar.

b) En otro tazón pequeño, combine la polenta, la harina, el cebollino, el ajo, el tomillo, el perifollo, la sal, la pimienta, la pimienta de cayena y el pimentón. Incorpora gradualmente los ingredientes secos a la mezcla de huevo, mezclando bien. Cubra la masa resultante y luego déjela reposar durante 1 a 2 horas a temperatura ambiente.

c) Caliente el aceite en una olla o freidora a 375 °F en un termómetro.

d) Sumerja los mariscos secos en la masa y fríalos en tandas pequeñas durante 2-3 minutos, dándoles vuelta hasta que estén dorados por completo.

e) Retire los camarones con una espumadera y escúrralos bien sobre varias capas de toallas de papel. Sírvelo en una fuente caliente con tu salsa favorita.

12. Brochetas de marisco glaseadas con manzana

Rinde: 6 porciones

INGREDIENTES
- 1 lata de jugo de manzana concentrado
- 1 cucharada de CADA CADA mantequilla y mostaza Dijon
- 1 pimiento rojo dulce grande
- 6 gajos de tocino
- 12 Vieiras
- 1 libra de camarones sin cáscara y desvenados (alrededor de 36)
- 2 cucharadas de perejil fresco picado

INSTRUCCIONES:
a) En una cacerola profunda y pesada, hierva el concentrado de jugo de manzana a fuego alto durante 7 a 10 minutos o más hasta que se reduzca a aproximadamente ¾ de taza. Retirar del fuego, agregar la mantequilla y la mostaza hasta que quede suave. Dejar de lado. Cortar el pimiento por la mitad. Quitarle las semillas y el tallo, y cortar el pimiento en 24 trozos. Corte los segmentos de tocino por la mitad en forma transversal y envuelva cada vieira en un trozo de tocino.

b) Ensarte el pimiento, las vieiras y los camarones alternativamente en 6 brochetas. Coloque las brochetas en la parrilla engrasada. Ase a fuego moderadamente alto durante 2-3 minutos, rociando con glaseado de jugo de manzana y rotando con frecuencia, hasta que las vieiras estén opacas, los camarones rosados y la pimienta tierna. Servir espolvoreado con perejil.

13. Ensaladas De Camarones Y Espinacas

Porción: 4 porciones

Ingredientes
1 libra de camarones medianos cocidos, pelados y desvenados
4 cebollas verdes, en rodajas finas
3/4 taza de aderezo picante para ensalada con tomate y tocino
1 paquete (6 onzas) de espinacas tiernas frescas
1 taza de zanahorias ralladas
2 huevos grandes duros, rebanados
2 tomates pera, cortados en gajos

Dirección
Cocine las cebollas y los camarones con el aderezo para ensalada en una sartén grande a fuego medio para que se calienten bien, o durante 5 a 6 minutos.
Coloque cantidades iguales de espinacas en 4 porciones. Ponga encima la mezcla de tomates, huevos, zanahorias y camarones. Sirva de inmediato.

14. soufflé de camarones

Rinde: 6 porciones

Medir ingrediente
- ½ libra de camarones cocidos
- 3 rodajas de raíz de jengibre fresca
- 1 cucharada de jerez
- 1 cucharadita de salsa de soja
- 6 claras de huevo
- ½ cucharadita de sal
- 4 cucharadas de aceite
- 1 pizca de pimienta

a) Corte los camarones cocidos en dados y pique la raíz de jengibre; luego combine con jerez y salsa de soja.
b) Batir las claras de huevo, con sal, hasta que estén espumosas y firmes, pero no secas. Incorpora la mezcla de camarones.
c) Calentar el aceite para ahumar. Agregue la mezcla de camarones y huevos y cocine a fuego medio-alto, revolviendo constantemente, hasta que los huevos comiencen a cuajar (de 3 a 4 minutos).

15. Ceviche Peruano

Ingredientes

- 2 patatas medianas
- 2 camotes de cada uno
- 1 cebolla morada, cortada en tiras finas
- 1 taza de jugo de limón fresco
- 1/2 tallo de apio, en rodajas
- 1/4 taza de hojas de cilantro ligeramente compactadas
- 1 pizca de comino molido
- 1 diente de ajo, picado
- 1 chile habanero
- 1 pizca de sal y pimienta recién molida
- 1 libra de tilapia fresca, cortada en 1/2 pulgada
- 1 libra de camarones medianos, pelados,

Direcciones

a) Coloca las patatas y los boniatos en una cacerola y cubre con agua. Coloca la cebolla cortada en rodajas en un recipiente con agua tibia.

b) Licue el apio, el cilantro y el comino y agregue el ajo y el chile habanero. Sazone con sal y pimienta, luego agregue la tilapia y los camarones cortados en cubitos.

c) Para servir, pela las patatas y córtalas en rodajas. Agrega las cebollas a la mezcla de pescado. Forre los tazones para servir con hojas de lechuga. Vierta el ceviche que consiste en jugo en los tazones y decore con rodajas de papa.

16. Fondue De Cheddar Con Salsa De Tomate

Hace: 4

INGREDIENTES
- 1 diente de ajo, partido por la mitad
- 6 tomates medianos, sin semillas y cortados en cubitos
- 2/3 taza de vino blanco seco
- 6 cucharadas. Mantequilla, en cubitos
- 1-1/2 cucharaditas. Albahaca seca
- Pizca de pimienta de cayena
- 2 tazas de queso cheddar rallado
- 1 cucharada. Harina para todo uso
- Pan francés en cubitos y camarones cocidos

INSTRUCCIONES:
a) Frote el fondo y los lados de una olla para fondue con un diente de ajo.
b) Reserva y desecha el ajo.
c) Combine el vino, la mantequilla, la albahaca, la cayena y los tomates en una cacerola grande.
d) A fuego medio-bajo, lleve la mezcla a fuego lento y luego reduzca el fuego a bajo.
e) Mezclar el queso con la harina.
f) Agregue a la mezcla de tomate gradualmente mientras revuelve después de cada adición hasta que el queso se derrita.
g) Vierta en la olla de preparación para fondue y mantenga caliente.
h) Disfrútalo con camarones y cubitos de pan.

17. Dip picante de camarones y queso

INGREDIENTES
- 2 rebanadas de tocino sin azúcar agregada
- 2 cebollas amarillas medianas, peladas y cortadas en cubitos
- 2 dientes de ajo, picados
- 1 taza de camarones palomitas de maíz (no del tipo empanizado), cocidos
- 1 tomate mediano, cortado en cubitos
- 3 tazas de queso Monterey jack rallado
- 1/4 cucharadita de salsa picante Frank's
- 1/4 cucharadita de pimienta de cayena
- 1/4 cucharadita de pimienta negra

INSTRUCCIONES:

a) Cocine el tocino en una sartén mediana a fuego medio hasta que esté crujiente, aproximadamente de 5 a 10 minutos. Mantenga la grasa en la sartén. Coloque el tocino sobre una toalla de papel para que se enfríe. Cuando esté frío, desmenuza el tocino con los dedos.

b) Agregue la cebolla y el ajo a la grasa del tocino en la sartén y saltee a fuego medio-bajo hasta que estén suaves y fragantes, aproximadamente 10 minutos.

c) Combine todos los ingredientes en una olla de cocción lenta; revuelva bien. Cocine tapado a temperatura baja de 1 a 2 horas o hasta que el queso esté completamente derretido.

18. Gumbo de pato

INGREDIENTES
Existencias:
- 3 patos grandes o 4 pequeños
- 1 galón de agua
- 1 cebolla, en cuartos
- 2 costillas de apio
- 2 zanahorias 2 hojas de laurel 3 t. sal
- 1 cucharadita pimienta

Gumbo:
- ¾ c. harina
- ¾ c. aceite
- 2 dientes de ajo, picados
- 1 taza de cebollas finamente picadas
- ½ c. apio finamente picado
- 1 c. pimientos verdes finamente picados
- 1 libra de okra cortada en trozos de ¼"
- 2 cucharadas de grasa de tocino
- 1 libra. camarones crudos y pelados
- 1 punto. ostras y licor
- ¼ c. perejil picado
- 2 c. arroz cocido

INSTRUCCIONES:

a) Patos de piel; hervir en agua con la cebolla, el apio, las hojas de laurel, sal y pimienta durante aproximadamente 1 hora o hasta que la carne del pato esté tierna. Cepa; Quite toda la grasa y reserve 3 cuartos del caldo. Si es necesario, agregue caldo de pollo o carne para obtener 3 cuartos de caldo. Retire la carne de la carcasa y de los trozos pequeños; volver al stock. El caldo se puede preparar el día antes de hacer gumbo.

Para Gumbo: En una olla grande, haga un roux de color marrón oscuro con harina y aceite. Agrega el ajo, la cebolla, el apio y el pimiento verde; saltee la okra en grasa de tocino hasta que desaparezca toda la consistencia, aproximadamente 20 minutos; drenar. En una olla de sopa, caliente el caldo y agregue lentamente la mezcla de roux y verduras. Agrega la okra; cocine a fuego lento tapado durante 1½ horas. Agrega los camarones, las ostras y su licor y cocina 10 minutos más. Agrega el perejil y retira del fuego. Rectifica la sazón y sirve sobre arroz esponjoso y caliente. Hace: 12.

19. Curry de pato con piña

Rinde 4-6 porciones

INGREDIENTES

- 15 chiles rojos largos secos
- 1 cucharada de granos de pimienta blanca
- 2 cucharaditas de semillas de cilantro
- 1 cucharadita de semillas de comino
- 2 cucharaditas de pasta de camarones
- 5 chalotes rojos asiáticos, picados
- 10 dientes de ajo, picados
- 2 tallos de limoncillo, solo la parte blanca, finamente cortados
- 1 cucharada de galanga picada
- 2 cucharadas de raíz de cilantro picada
- 1 cucharadita de ralladura de lima kaffir finamente rallada
- 1 cucharada de aceite de maní
- 8 cebolletas, cortadas en diagonal en trozos de 3 cm (1¼ pulgadas)
- 2 dientes de ajo machacados
- 1 pato asado chino, cortado en trozos grandes
- 400 ml (14 onzas) de leche de coco
- 450 g (1 lb) de trozos de piña en lata en almíbar, escurridos
- 3 hojas de lima kaffir
- 3 cucharadas de hojas de cilantro picadas
- 2 cucharadas de menta picada

INSTRUCCIONES:

a) Remoja los chiles en agua hirviendo durante 5 minutos o hasta que estén tiernos. Retire el tallo y las semillas, luego pique.

b) Fríe en seco los granos de pimienta, las semillas de cilantro, las semillas de comino y la pasta de camarones envuelta en papel de aluminio en una sartén a fuego medio-alto durante 2 a 3 minutos, o hasta que estén fragantes. Dejar enfriar.

c) Triture o muele los granos de pimienta, el cilantro y el comino hasta convertirlos en polvo.

d) Coloque los chiles picados, la pasta de camarones y las especias molidas con los ingredientes restantes de la pasta de curry en un procesador de alimentos o en un mortero con una mano de mortero y procese o triture hasta obtener una pasta suave.

e) Calienta un wok hasta que esté muy caliente, agrega el aceite y revuelve para cubrir los lados. Agrega la cebolla, el ajo y 2 a 4 cucharadas de pasta de curry rojo y sofríe durante 1 minuto o hasta que esté fragante.

f) Añade los trozos de pato asado, la leche de coco, los trozos de piña escurridos, las hojas de lima kaffir y la mitad del cilantro y la menta. Deje hervir, luego reduzca el fuego y cocine a fuego lento durante 10 minutos, o hasta que el pato esté completamente caliente y la salsa se haya espesado un poco.

g) Agregue el cilantro y la menta restantes y sirva.

20. Curry de pato BBQ con lichis

Rinde 4 porciones

INGREDIENTES

i) 1 cucharadita de granos de pimienta blanca
j) 1 cucharadita de pasta de camarones
k) 3 chiles rojos largos, sin semillas
l) 1 cebolla morada, picada en trozos grandes
m) 2 dientes de ajo
n) 2 tallos de limoncillo, solo la parte blanca, en rodajas finas
o) 5 cm (2 pulgadas) de jengibre en trozos
p) 3 raíces de cilantro
q) 5 hojas de lima kaffir
r) 2 cucharadas de aceite
s) 2 cucharaditas de cilantro molido
t) 1 cucharadita de comino molido
u) 1 cucharadita de pimentón
v) 1 cucharadita de cúrcuma molida
w) 1 pato chino a la barbacoa
x) 400 ml (14 oz) de crema de coco
y) 1 cucharada de azúcar de palma rallado (jaggery)
z) 2 cucharadas de salsa de pescado
aa) 1 rodaja gruesa de galanga
bb) 240 g (8½ oz) de champiñones enlatados, escurridos
cc) 400 g (14 oz) de lichis en lata, cortados por la mitad
dd) 250 g (9 onzas) de tomates cherry
ee) 1 puñado de albahaca tailandesa, picada
ff) 1 puñado de hojas de cilantro

INSTRUCCIONES:

21. Fríe en seco los granos de pimienta y la pasta de camarones envueltos en papel de aluminio en una sartén a fuego medio-alto durante 2 a 3 minutos, o hasta que estén fragantes. Dejar enfriar.
22. Usando un mortero con mano o un molinillo de especias, triture o muele los granos de pimienta hasta convertirlos en polvo.
23. Coloque los granos de pimienta triturados y los camarones con los ingredientes restantes de la pasta de curry en un procesador de alimentos o en un mortero con una mano y procese o machaque hasta obtener una pasta suave.
24. Retire la carne de pato de los huesos y córtela en trozos pequeños. Coloque la crema de coco espesa de la parte superior de la lata en una cacerola, cocine a fuego lento a fuego medio, revolviendo ocasionalmente, y cocine durante 5 a 10 minutos, o hasta que la mezcla se "divida" (el aceite comience a separarse).
25. Agrega la mitad de la pasta de curry, el azúcar de palma y la salsa de pescado y revuelve hasta que el azúcar de palma se disuelva.
26. Agregue el pato, la galanga, los champiñones, los lichis, el jarabe de lichi reservado y el resto de la crema de coco. Deje hervir, luego reduzca a fuego lento y cocine durante 15 a 20 minutos, o hasta que el pato esté tierno.
27. Agrega los tomates cherry, la albahaca y el cilantro. Sazone al gusto. Servir cuando los tomates cherry estén ligeramente blandos.

21. Ceviche de mariscos a la parrilla

Rinde: 8 porciones

INGREDIENTES
- ¾ libras de camarones medianos, pelados y desvenados
- ¾ libras de vieiras
- ¾ libras de filete de salmón
- 1 taza de tomates cortados en cubitos (dados de 1/2 pulgada)
- 1 taza de mango cortado en cubitos (cubos de 1/2 pulgada)
- 2 pomelos, pelados y segmentados
- 3 Naranjas, peladas y segmentadas
- 4 limas, peladas y segmentadas
- ½ taza de cebolla morada picada (en dados de 1/2 pulgada)
- 2 jalapeños, picados
- 4 tazas de jugo de limón fresco
- 1 taza de cilantro picado
- 2 cucharadas de azúcar
- Sal y pimienta molida

INSTRUCCIONES:
a) En un tazón grande no reactivo, combine las vieiras, el salmón, los camarones, los tomates, el mango, la cebolla, el jalapeño y el jugo de lima.
b) Marinar, refrigerado, durante 3 horas.
c) Retirar de la marinada y asar el pescado y los mariscos, el tiempo suficiente para que queden marcas de parrilla, entre 30 y 60 segundos.
d) Cortar todo el pescado en dados de ½ pulgada.
e) Justo antes de servir, escurra la mayor cantidad de jugo de limón posible de la fruta, agregue el cilantro, el azúcar, los mariscos y el salmón. Mezcle suavemente teniendo cuidado de no romper la fruta y el pescado.

22. Ceviche de camarones al jengibre sobre cebada japonesa

Rinde: 1 porciones

INGREDIENTES
- 1 paquete de brochetas de madera; (6 a 8 pulgadas)
- 20 camarones medianos pelados; desvenados y con cabeza, hasta 24
- 4 limas; jugo de
- 4 limones; jugo de
- ⅓ taza de jugo de naranja
- 3 cucharadas de ajo picado
- 1 trozo de 2 pulgadas de jengibre fresco rallado y el jugo reservado
- 1 cucharadita de hojuelas de pimiento rojo
- ¼ taza de tequila
- 10 onzas de cebada japonesa
- ½ taza de cebolletas en rodajas finas y cortadas al bies
- 3 cucharadas de salsa de soja
- 3 cucharadas de mirín
- 2 cucharadas de aceite de sésamo
- Sal y pimienta
- 1 litro o 16 onzas de aceite de maní
- 2½ cucharadita de hojuelas de pimiento rojo; hasta 3
- 1 cucharada de ajo picado
- 3 cucharadas de salsa de soja
- 4 cucharadas de salsa inglesa
- 3 cucharadas de vinagre de vino de arroz
- 1 cucharadita de azúcar granulada; hasta 2
- 1 Pepinos limpios y pelados para decorar; hasta 2

INSTRUCCIONES:

a) Ensarte los camarones en brochetas perforando primero la cola y luego el área de la cabeza. Colóquelo en una fuente o fuente para hornear poco profunda.

b) Combine los jugos, el ajo, el jengibre, las hojuelas de pimiento rojo y el tequila y vierta la mezcla sobre los camarones que se encuentran planos en una fuente para horno. Cubra y deje curar durante la noche. El producto terminado lucirá blanco, no translúcido y firme.

c) En agua con sal cocine la cebada según las instrucciones de la bolsa. Cocine bien y cuele y luego enjuague con agua fría. Colóquelo en un tazón y agregue las cebolletas, la salsa de soja, el mirin y el aceite de sésamo y revuelva. Agregue sal y pimienta para equilibrar el sabor.

VINAGRETA DE ACEITE DE CHILE POTENTE:

d) Lleve el aceite a 140 grados F, agregue hojuelas de pimiento rojo, revuelva y deje reposar durante 2 horas.

e) En un procesador de alimentos o en un tazón con batidor, combine el ajo, la salsa de soya, la salsa inglesa, el vinagre de vino de arroz y el azúcar y comience a agregar lentamente el aceite de chile hasta que la mezcla esté ligeramente espesa.

f) Corte los pepinos en rodajas y colóquelos fuera del plato y agregue cebada en el centro. Coloque las brochetas de camarones sobre la cebada y, con un cucharón, rocíe la vinagreta encima de los platos emplatados.

23. Ceviche Tosti

INGREDIENTES

- 72 oz de camarones medianos
- 5-6 aguacates medianos
- 2 pepinos
- 1/2 cebolla
- 2 tomates
- 3 chiles jalapeños
- 1 manojo de cilantro
- 10-12 jugo de lima
- 15-30 oz de mayonesa (a tu gusto)
- 6 Bolsas de Chips Tostitos Verdes o Morados
- 1 Salsa Picante Valentina

INSTRUCCIONES:

a) Quitarle la cola a los camarones
b) Cortar el aguacate, los pepinos, los tomates, la cebolla y los pimientos en cuadritos.
c) picar el cilantro
d) En un bol agregue todos los ingredientes y agregue Mayo a su gusto y agregue salsa picante Valentina para darle un poco más de sabor.
e) Usa los chips Tostitos y disfruta

24. Ceviche Ecuatoriano

INGREDIENTES
- 1.5 libras de camarones (desvenados, pelados) 40-50 camarones
- 1,5 taza de cebolla morada
- 1/2 taza de jugo de lima
- 1 taza de jugo de naranja
- 1/4 taza de cilantro picado
- 1 cucharada de mostaza
- 2 cucharadas de salsa de tomate
- 1 lata de tomate cortado en cubitos (14,5 oz)
- 1/4 cucharada de sal
- 3 plátanos
- Canela

INSTRUCCIONES:
a) Agua hervida con sal, pimienta y ajo.
b) Cuando empiece a hervir poner los camarones por 5 minutos.
c) Sacar los camarones y ponerlos en un recipiente con agua fría y meter en el frigorífico 10 minutos.
d) Guarda un poco del agua que usaste para hervir los camarones (3 tazas)
e) Mezclar en un bol la cebolla, el jugo de lima y la sal.
f) Mezclar en la licuadora: tomates escurridos, jugo de naranja, ketchup, mostaza, cilantro y aceite.
g) Combina todo junto y disfruta.
h) Cortar los plátanos y poner un poco de aceite y canela (freírlos al aire durante 12-14 minutos a 400 grados)

25. <u>Ceviche De Camarón Cóctel de Cameron</u>

INGREDIENTES

- 1 libra de camarones
- 1/4 taza de jugo de limón
- 1/2 taza de jugo de lima
- según sea necesario Jugo de 1 limón fresco
- 3 tomates pequeños o 2 medianos, sin semillas y cortados en cubitos
- 1 cebolla pequeña, pelada y cortada en cubitos
- 1 taza de jugo de naranja y mandarina (o jugo de naranja natural)
- 1/2 taza de salsa de tomate
- 1/4 taza de cilantro fresco, picado
- 1/8-1/4 taza de jalapeño rebanado o cortado en cubitos,
- Pizcas de pimiento rojo triturado, al gusto
- Pizcas de pimienta negra, al gusto
- según gusto Sal, 1/4 cucharadita o cantidad deseada
- según sea necesario Agua con sal para hervir
- 2 aguacates pequeños, pelados, sin semillas y cortados en cubitos

INSTRUCCIONES:

a) Calienta agua con sal en una olla hasta que hierva. Apague el fuego e inmediatamente agregue los camarones pelados y desvenados. Déjelos durante 2-3 minutos, hasta que los camarones estén opacos, luego retírelos, escúrralos y déjelos a un lado durante 10 minutos hasta que se enfríen.

b) Cuando estén fríos, corte los camarones en secciones de 1/2 pulgada y agréguelos al tazón con los tomates cortados en cubitos, la cebolla, los jalapeños, el jugo de limón, el jugo de lima, la sal, los pimientos y el ketchup.

c) Agregue el jugo de naranja/mandarina, mezcle todos los ingredientes y cubra con film transparente. Colóquelo en el refrigerador durante al menos 1 hora, pero preferiblemente más de 3 horas.

d) Corte las tortillas de harina/maíz en chips y colóquelas en aceite precalentado a 350 °F, fríalas durante 2 a 4 minutos, hasta que estén doradas o al punto deseado. Sal inmediatamente, escurre colgándolo de una cesta para que gotee o tirando las patatas fritas en un plato forrado con toallas de papel.

e) Retire la mezcla de camarones del refrigerador, agregue el aguacate recién cortado en cubitos, revuelva y luego sirva en un plato. Puede servirse en un tazón o en un vaso elegante. ¡Tortillas servidas al lado!

26. Camarones rosados curados en sal con ceviche tierno de coco

INGREDIENTES
PARA CAMARONES
- 300 gramos de camarones, lavados, pelados, con la cola y la cabeza intactas
- 2-3 rodajas de lima
- 1 cucharadita de granos de pimienta negra enteros
- 1 rama de canela
- 2 hojas de laurel
- 2-3 cardamomos verdes

PARA CEVICHE
- 1/2 taza de leche de coco
- 1 jugo de lima
- 2-3 chiles verdes y rojos cortados
- 1 cebolla cortada muy fina
- según gusto Sal rosa
- según sea necesario Aceite de oliva para decorar

INSTRUCCIONES:

a) Coger las gambas y lavarlas bien. Pelar, mantener la cabeza y la cola intactas. En una olla grande agregue el agua, las rodajas de lima, agregue la hoja de laurel, la canela, el cardamomo, los granos de pimienta negra enteros y hierva. Añade las gambas y apaga el fuego. Déjalo pochar durante 3-5 minutos. Deseche el agua y agregue el pescado en una bandeja y refrigere por 5 minutos.

b) En un tazón agregue la leche de coco, el jugo de limón, la cebolla en rodajas, los chiles verdes y rojos en rodajas y la sal rosa. Marina el pescado en la leche de coco durante 15 minutos. Refrigerar nuevamente por 15 minutos.

c) Emplatar y decorar con aceite de oliva.

27. Ceviche de Pescado y Camarones

INGREDIENTES

- 1 pescado crudo deshuesado (tilapia/pez espada)
- 8-10 piezas de camarones crudos
- 6 piezas de lima
- 1 pieza limón
- 1 tomate tamaño mediano (cortado en trozos pequeños)
- 1 jalapeño (picado)
- 1 cebolla morada mediana (cortada en trozos pequeños)
- 1/2 aguacate (cortado en cubos pequeños)
- 1/taza de cilantro picado
- Sal
- Pimienta
- Chile serrano (picado) opcional

INSTRUCCIONES:

a) Cortar el pescado y los camarones en cubos. Poner en un bol grande.
b) Exprime la lima y el limón y mézclalos con el pescado y los camarones en el bol. Asegúrate de que los mariscos estén completamente cubiertos. Puedes agregar más lima para hacerlo.
c) Agrega las cebollas. Mezclar bien. Cubrir con film transparente y meter en el frigorífico durante 1 1/2 horas. Los mariscos se cocinarán en lima. Cambiará el color.
d) Después de 1 1/2 horas, verifique si todos los mariscos han cambiado de color. Significa que ya está cocido.
e) Cuando esté listo, agrega los tomates, el aguacate, el cilantro, el chile jalapeño y el chile serrano (opcional, si lo quieres picante). Mezclar bien. Condimentar con sal y pimienta.
f) Sirva con tortillas/nachos. Mejor si se sirve frío.

28. Ceviche Cóctel Estilo 1990

INGREDIENTES
- 4 tazas de clamato (frío)
- 1/2 taza de cebolla dulce picada fina
- 1 aguacate grande en cubitos
- 1 pepino en cubos
- 2 tazas de camarones pelados, listos para comer y cortados en cubitos
- 1/2 taza de cilantro en cubitos finos
- 1 limón/lima (exprimido)
- al gusto Sal/Pimienta
- 1/4 taza de cebolla verde picada
- 1 cucharada de jalapeño en dados finos

INSTRUCCIONES:

a) Combine todos los ingredientes en un recipiente de vidrio o plástico, mezcle bien y ¡disfrútelo!

29. Ceviche de bacalao, ahi y tomate tradicional

INGREDIENTES

- 1 cebolla morada de buen tamaño, picada fina
- 3 jalapeños LG, sin semillas y picados
- 2 tomates chico amarillos, picados
- 2 tomates al brandywine, picados
- 3/4 libra de camarones cocidos, 51-60 unidades, pelados y sin cola
- 2 cucharadas de ajo picado
- 1 manojo de cilantro, picado
- 1 cucharadita de comino
- 1 cucharadita de chile en polvo
- 1-2 cucharadas de sal kosher al gusto
- Jugo de 4 limas grandes
- 1 1/2 libras. bacalao de maruca, cortado en trozos pequeños
- 4 onzas de filete de atún ahi, cortado en trozos pequeños
- Coberturas
- Queso cheddar rallado
- Queso cotija rallado
- Salsa picante
- Conchas para tostadas

INSTRUCCIONES:

a) Combine ambos tipos de pescado y jugo de lima en un bol. Refrigera por media hora. Revuelva con frecuencia

b) Combine el resto de los ingredientes excepto los aderezos en otro tazón grande. Revuelva bien.

c) Después de media hora, el pescado debería estar opaco. Combine en otro tazón, incluido el jugo. Revuelva bien. Refrigera por media hora.

d) Revuelva bien nuevamente. Coloque una tostada en un plato. Cubra con ceviche. Agrega el queso cheddar y la cotija. Rocíe con salsa picante. Servir inmediatamente. Disfrutar.

30. ceviche de camarones

INGREDIENTES
- 1 libra de camarones semicocidos
- 1/2 taza de salsa de tomate
- 1/2 taza de mayonesa
- 1cucharada de cilantro rallado
- 1/4 de cebolla morada rallada
- 3 lima
- Sal y pimienta para probar

INSTRUCCIONES:

a) Mezclar la salsa de tomate y la mayonesa.

b) Lleve los camarones a la parrilla durante 2-3 minutos y sáquelos de

c) El agua de asar.

d) Mezclar todo el resto de los ingredientes en un bol.

e) Luego agrega los camarones y mezcla nuevamente.

f) Pon toda la mezcla en un bol y ya está lista para servir y disfrutar.

31. <u>Ceviche de camarón y tacos o dip de aguacate</u>

INGREDIENTES

- 1 cucharada de ralladura de lima (unas 2 limas)
- 1/4 taza de jugo de lima (aproximadamente 2 limas)
- 1 cucharadita de sal
- 1 taza de tomates cortados en cubitos
- 1 taza de aguacate pelado y cortado en cubitos (aproximadamente 2 aguacates hass)
- 1/2 taza de cilantro
- 1 libra de camarones cocidos
- 10 tortillas
- 1 bolsa de chips de lima estilo restaurante Tostitos

INSTRUCCIONES:

Combine todos los ingredientes en un tazón grande (excepto las tortillas/papas fritas).

Cubra y refrigere por al menos 15 minutos.

Apila la mezcla sobre las tortillas o usa los chips para comer la mezcla.

32. Ceviche del Suroeste

INGREDIENTES
PARA LOS MARISCOS
- 2 bolsas (16 oz) de camarones EX grandes
- 2 bolsas (16 oz) de carne de cangrejo de imitación al vapor
- 1 bolsa (16 oz) de vieiras pequeñas crudas
- 10 oz de atún crudo fresco

PARA LAS VERDURAS Y FRUTAS
- 1 taza de tomate firme EX LG EX [sin semillas - picado]
- 2 tazas de pepinos EX firmes [pelados y sin semillas]
- 1 taza de pimientos verdes [sin semillas, picados pequeños]
- 1/2 taza de pimiento amarillo [sin semillas, picado pequeño]
- 1/2 taza de pimiento rojo [sin semillas, picado pequeño]
- 1/2 taza de pimiento morrón naranja [sin semillas, picado pequeño]
- 1 taza de apio [pequeño picado - con hojas]
- 1 taza de cebolla dulce Vidalia [pequeña picada]
- 1 taza de cebolla morada [pequeña picada]
- 1/2 taza de cebollas verdes [pequeñas picadas]
- 1 taza de rábanos [en rodajas]
- 1 taza de jalapeños [finamente picados]
- 1 taza de chiles verdes Anaheim [pequeños picados]
- 1 jugo de lima mediano + ralladura [+ 1/4 taza de jugo de lima reservado]
- 1 limón mediano exprimido + ralladura
- 1 Naranja Mediana Exprimida + Ralladura
- 1 manojo LG de hojas de cilantro [picadas, sin tallos]
- 1 manojo LG de hojas de perejil [picadas, sin tallos]

PARA LOS JUGOS, HIERBAS Y CONDIMENTOS
- 1 cucharada de hebras de azafrán mexicano o tradicional
- al gusto de Salsa Tabasco [nosotros usamos al menos media botella]
- 1 1/2 cucharada de ajo picado fino
- 1 cucharada de salsa inglesa
- 1 cucharadita de pimienta negra
- 1 cucharadita de orégano mexicano [triturado]

- 1 cucharadita de condimento italiano
- 1 cucharadita de comino molido
- 1 cucharadita de pimienta de cayena
- según sea necesario Jugo de Clamato frío [agitado]
- 1 buen jugo V8 frío y picante [agitado]

INSTRUCCIONES:

a) Coloque las cebollas picadas, los jalapeños, todos los pimientos morrones y los pimientos Anaheim en un recipiente aparte durante treinta minutos refrigerados. Agrega el jugo y la ralladura de una lima, un limón y una naranja para sazonar y cocinar las verduras duras.

b) Mezcle suavemente todas las verduras. Agregue 1/4 taza adicional de jugo de lima.

c) Agrega tu Clamato [suficiente para cubrir las verduras] y un buen chorrito de Jugo Spicy V8. Además, agregue todos sus condimentos. Nuevamente, mezcle bien suavemente. No querrás magullar tus verduras frescas.

d) En la foto se muestran camarones frescos, vieiras, carne de cangrejo y atún descongelados. Se retiran las colas de los camarones. No utilice carne de cangrejo real a menos que planee consumir todo el plato en una sesión de tarde o noche. De lo contrario, su ceviche se irá hacia el sur dos veces más rápido. Incluso estando refrigerado. También enturbiará el caldo.

e) Agregue todas las verduras y mariscos, además de Clamato y Tabasco adicionales si es necesario para cubrir completamente los ingredientes.

f) Doble suavemente todo bien. No agregue aguacates a su plato principal. Sírvelos siempre a un lado. De lo contrario, enturbiará el caldo de ceviche. Enfriar durante 3 horas. Sepa que este plato mejorará a medida que descanse y se enfríe. Incluso 3 días después. Revuelva suavemente de vez en cuando.

g) Sirva con galletas saladas de calidad, tortillas de harina, salsa Tabasco adicional, rodajas de aguacate fresco y cerveza mexicana helada.

33. Ceviche picante de camarones estilo Laos

INGREDIENTES

1 libra de camarones desvenados y crudos
1 taza de jugo de limón fresco
1/2 taza de cilantro picado
1/2 taza de cebollino picado
2 cucharadas de salsa de anchoas fermentada
2 cucharaditas de salsa de pescado
1/3 taza de arroz blanco tostado
4 piezas de chile tailandés seco
menta (decorar)

INSTRUCCIONES:

Pica finamente y enjuaga los camarones crudos en un tazón mediano y agrega jugo de limón encima. Revuelva y cubra con film transparente. Refrigere por 30 minutos revolviendo cada 15 minutos.

En una sartén pequeña, ase ligeramente el arroz blanco crudo hasta que se dore. Agregue a la licuadora con los chiles tailandeses secos y mezcle en trozos grandes.

Después de que los camarones se hayan endurecido durante 30 minutos, exprime todos los jugos de los camarones en una cacerola pequeña caliente. Agregue la salsa de anchoas fermentada hasta que se reduzca. Siga revolviendo durante unos 7 a 10 minutos o hasta que espese.

Agregue la reducción al tazón de camarones y agregue el resto de los ingredientes. ¡Decora con hojas de menta y disfruta!

34. Ceviche picante de camarones, lima y aguacate

INGREDIENTES
- 1 libra de camarones cocidos (pelados y desvenados)
- 1 aguacate Hass (cortado en cubitos)
- 1 tomate mediano (cortado en cubitos)
- 1 cucharada de cilantro (picado)
- 1/2 taza de cebolla morada (cortada en cubitos)
- 3 limas, jugo de
- 1 cucharadita de aceite de oliva
- 1 Sal y pimienta al gusto
- 1 lechuga (opcional)

INSTRUCCIONES:
a) Reúna todos los ingredientes
b) En un tazón pequeño combine la cebolla morada picada, el jugo de limón, el aceite de oliva y una pizca de sal y pimienta.
c) Déjalos marinar durante al menos 5 minutos para suavizar el sabor de la cebolla.
d) En un tazón grande, combine los camarones picados, el aguacate y el tomate. Combine todos los ingredientes, agregue el cilantro y revuelva suavemente. Agregue sal y pimienta al gusto.
e) OPCIONAL: Cubra su lechuga favorita con el ceviche. ¡Gran sabor!

35. Ceviche Arco Iris

INGREDIENTES

- 5 libras de camarones, pelados y desvenados
- 1 libra de carne de cangrejo de imitación
- 5 libras de limas frescas
- 5 aguacates pequeños
- 2 pepinos grandes
- 2 tomates grandes semimaduros
- 2 cilantro
- 1 pimiento verde
- 1 pimiento rojo
- 1 pimiento amarillo
- 1 cebolla morada
- 1 cebolla blanca
- Sal y pimienta

INSTRUCCIONES:

a) Lavar en agua fría. Si está congelado, descongélelo de forma natural. No descongelar en microondas ni en agua caliente.

b) Lavar con agua caliente dos veces. Cortar en pedazos con la mano. Mezclar con los camarones descongelados y reservar. Manténgase refrigerado.

c) Exprime el jugo por completo. Asegúrese de mantener la pulpa separada. Mezcla el jugo de lima con los camarones y la carne de cangrejo. Asegúrese de que la carne de camarones y cangrejo esté completamente remojada en jugo de limón. Mantenlo tapado y refrigerado.

d) Prepara las verduras y el aguacate. Cortar en trozos uniformes y de tamaño cuadrado. Picar las hojas de cilantro en trozos finos, excluyendo los tallos. Mezcle las verduras cortadas, el aguacate y el cilantro en un recipiente aparte. Mantenlo tapado y refrigerado.

e) Cuando el color de los camarones cambie a naranja brillante, los camarones estarán listos. Mezcle el bol de carne de camarones y cangrejo con el bol de verduras.

f) Agregue sal y pimienta con moderación. Si tiene un sabor ácido, agregue más sal y/o pimienta según sea necesario. Cubierto con piel de naranja rallada como guarnición.

g) Sirva frío con tostadas (o alternativas preferidas). Recordatorio de mantener refrigerado para evitar un rápido deterioro.

36. Ceviche de carne y camarones de Oregón

INGREDIENTES
- 2 pepinos, picados
- 5 tomates medianos, picados
- 1 cebolla morada, picada
- 2 a 3 jalapeños picados
- 4 aguacates hass, en cubos pequeños
- 1 manojo de cilantro, picado
- 2 cucharadas de ajo picado
- 2 cucharaditas de sal
- 1/2 taza de jugo de naranja
- 1/4 taza de jugo de limón
- 1/4 taza de jugo de lima
- 2 libras de carne de camarón Oregón (viene precocida)

INSTRUCCIONES:
a) Picar, picar y trocear todos los ingredientes que sean necesarios.
b) Combine todo en un plato no reactivo.
c) Deje que todos los sabores se fusionen al menos 4 horas.
d) Sirva sobre tostadas, totopos o galletas saladas.

37.   Ceviche De Camarones Y Caracol

INGREDIENTES
- 1 taza de camarones hervidos de tamaño mediano
- 1 taza de caracola limpia hervida
- 1 oz de coco natural rallado
- 1 taza de jugo de limón natural
- 1/4 taza de jugo de naranja natural
- 2 cucharadas de zanahoria rallada
- 3 cucharadas de cebolla blanca cortada en juliana
- 1 cucharada de apio picado
- 1 cucharadita de crema de coco
- 1/4 taza de aceite endulzado de coco
- 1 sal marina
- Comino

INSTRUCCIONES:
a) Limpiar las gambas y c.
b) Hervimos los camarones y la caracola en agua durante 1.30 minutos o hasta que estén perfectamente cocidos.
c) Colocar mediante choque térmico en agua helada los camarones y la caracola para detener el proceso de cocción.
d) Pon los camarones y la caracola en un tazón.
e) Agrega la sal marina, los cominos y las especias al gusto con el jugo de limón y el jugo de naranja.
f) Agrega la cebolla, el apio y la zanahoria.
g) Deja que se mezclen durante unos 2 minutos.
h) Luego pasar todos los ingredientes a otro bol sin el jugo solo nos falta que tenga el sabor
i) Luego agrega la crema de coco, el coco rallado y el aceite de coco endulzado.

38. Ceviche picante caribeño

INGREDIENTES
ESCABECHE
- 1/2 cucharadita de azúcar
- 1/2 cucharadita de sal
- 1/4 cucharadita de pimienta negra molida
- 1 salsa picante al gusto
- 2 onzas de jugo de lima fresco
- 2 onzas de jugo de limón fresco
- 4 onzas de jugo de naranja fresco

GUARNACIONES
- 4 oz de tomate sin semillas y cortado en cubitos 1/4 de pulgada
- 2 oz de pimiento verde/rojo sin semillas, cortado en cubitos de 1/8 de pulgada
- 2 oz de cebolla, picada 1/8 de pulgada, luego enjuagada con agua durante una hora y escurrir
- 2 cucharadas de hojas de cilantro picadas
- 2 cucharadas de perejil picado
- 2 chiles serranos sin semillas finamente picados
- 2 chiles jalapeños sin semillas finamente picados
- 5 habaneros sin semillas finamente picados

MARISCOS
- 32 onzas de agua hirviendo
- 1 cebolla verde, la parte blanca y 1 pulgada de verde en rodajas
- 20 Camarones pelados y desvenados
- 12 oz de mejillones, lavados y sin barba
- 12 almejas tiernas
- 6 oz de vieiras, enjuagadas
- 2 onzas de vino blanco
- 1 onza de chalotes cortados en cubitos
- 1 tostadas o totopos

INSTRUCCIONES:
Mezcle los ingredientes de la marinada bien colocados en el refrigerador.
Preparar las guarniciones reservadas

Llevar agua a ebullición y dejar cocer a fuego lento 5 minutos.
Agregue los camarones al agua hasta que estén cocidos, retírelos y enfríelos para que no se vuelvan gomosos.
Vuelva a hervir el líquido y agregue las vieiras y retire del fuego, deje reposar 3 minutos.
Corte las vieiras, deben tener un color blanco lechoso en el desagüe central y enjuáguelas con agua para niños.
Combine las almejas, los mejillones, el vino y las chalotas en una sartén tapada y cocine al vapor hasta que todas las conchas estén abiertas y deseche las conchas sin abrir.
Deseche las conchas y corte en cuadritos todos los mariscos (camarones, vieiras, mejillones y almejas)
Combine bien la marinada, los mariscos y las guarniciones y refrigere durante al menos dos horas. Antes de servir comprobar los condimentos.

39. Ceviche de verano

INGREDIENTES
- 1 pepino - picado
- 2 tazas de repollo verde, en rodajas
- 1 cebolla dulce
- 2 libras de camarones - Pequeño/Mediano
- 2 libras de cangrejo
- 8 lima - en jugo
- 1 tomate roma
- 1 de cada uno: Aguacate - Cubos pequeños
- 3 Tostadas (paquete de 30)
- 1 porción de salsa picante
- 2 jalapeños
- 1 serrano
- 1 taza de cilantro picado

INSTRUCCIONES:

a) Prepare toda la comida según lo especificado. En un bol agregue los camarones, el cangrejo cocido y la lima.
b) Dejar cocinar durante 30 minutos.
c) Agregue todos los demás ingredientes y mezcle bien. Use salsa picante al gusto y tostadas para comer con una cuchara.

40. Ceviche de Camarones y Cangrejo

INGREDIENTES
- 2 libras de camarones limpios y desvenados
- 1 paquete grande imitación cangrejo
- 12 tomates roma
- 1 cebolla morada
- 2 manojos de cilantro
- 2 jalapeños
- 2 pepinos
- 6 limas en jugo
- 1 salsa picante
- 2 cucharaditas de sal de ajo al gusto
- 3 cucharaditas de sal al gusto

INSTRUCCIONES:

a) Comience cocinando los camarones hasta que estén rosados y cocine entre 6 y 7 minutos. Una vez hecho esto, agregue la olla al congelador y deje enfriar el agua y todo.

b) Corte las verduras por la mitad y presione poco a poco, rotando la sal y luego la sal de ajo. hasta que esté todo finamente picado. Si lo hace a mano, pique finamente todas las verduras y agréguelas a un tazón grande. Agregando un poco de condimento a la vez.

c) ahora tu cangrejo también puedes pulsarlo o desmenuzarlo a mano o picarlo finamente a tu elección. Agregar a la mezcla

d) Pulse o pique finamente los camarones y agréguelos a la mezcla. Puedes dejar algunos camarones enteros para lograr el efecto deseado. Ahora agregue el caldo de camarones colado enfriado a la mezcla.

e) Agrega jugo de limón y salsa picante a tu gusto y revuelve bien.

f) Sirva inmediatamente o refrigere.

41. Ceviche De Camarones Y Mango

Hace: 6

INGREDIENTES
1 libra de camarones medianos de buena calidad, desvenados y cortados en cubos
Jugo de 3 limas grandes
1 taza de tomate, cortado en cubitos
3/4 taza de cilantro, picado
2/3 taza de trocitos de piña, escurridos (4 oz)
2/3 taza de mango fresco, cortado en cubitos (1 mango pequeño)
1/2 taza de cebolla blanca o verde, picada
1 1/2 cucharadas. Ajo fresco, picado
3/4 cucharadita de sal
Pimienta al gusto
1 aguacate, cortado en cubitos

INSTRUCCIONES:
En un tazón grande, mezcle los camarones y el jugo de limón. Déjelo reposar en el refrigerador de 30 a 45 minutos, hasta que los camarones se vean blancos.
Mientras los camarones se "cocinan", mezcle todos los ingredientes hasta el aguacate. Cubra y refrigere hasta que esté listo para usar.
Una vez que los camarones estén cocidos, escurre el jugo de lima. Exprime un poco los camarones para asegurarte de que se haya ido todo el exceso.
Agrega los camarones, junto con el aguacate, al bol y revuelve bien. Sazone al gusto con sal y pimienta.

42. Ceviche De Camarón Estilo Sonora

Rinde: 4 porciones

INGREDIENTES

a) 1 libra camarones crudos (congelados o frescos) pelados y desvenados
b) Jugo de lima: aproximadamente 5 limas o más según sea necesario
c) 1 pepinos – cortados en trozos pequeños
d) ⅓ cebolla blanca mediana
e) 2 tomates pequeños – cortados en trozos pequeños
f) 2 chiles serranos o jalapeños (o uno de cada) finamente picados – semillas opcionales
g) ⅓ taza de cilantro fresco finamente picado
h) 1 taza de jugo de clamato o jugo de tomate V8
i) Sal y pimienta al gusto
j) 1 Aguacate cortado en trozos pequeños
k) Ketchup al gusto opcional

INSTRUCCIONES:

a) Corta los camarones en trozos pequeños y colócalos en un recipiente de plástico o vidrio.
b) Agrega el jugo de lima asegurándote de que todos los camarones queden cubiertos (agrega más jugo de lima si es necesario).
c) Cubra los camarones y refrigere durante al menos tres horas (preferiblemente durante la noche).
d) Mezclar todas las verduras y reservar en el frigorífico.
e) Cuando los camarones estén bien cocidos (estarán rosados), agregue las verduras, el jugo de clamato, sal y pimienta y mezcle bien.
f) Sirva con tostadas, galletas saladas o totopos. Agregue un poco de salsa de tomate a las porciones personales si decide usar alguna.

43. Ceviche De Camarones Y Aguacate-Estillo Sarita

Hace: 4

INGREDIENTES
- 2 libras de camarones grandes, pelados, desvenados y picados
- ¾ taza de jugo de lima fresco
- 5 tomates Roma (ciruela), cortados en cubitos
- 1 cebolla blanca, picada
- ½ taza de cilantro fresco picado
- 1 cucharada de salsa inglesa
- 1 cucharada de salsa de tomate
- 1 cucharadita de salsa de pimiento picante
- sal y pimienta para probar
- 1 aguacate - pelado, sin hueso y cortado en cubitos
- 16 galletas saladas

INSTRUCCIONES:
a) Coloque los camarones y el jugo de limón en un tazón grande y revuelva para cubrirlos. Deje reposar durante unos 5 minutos o hasta que los camarones estén opacos. El jugo de lima los cocinará. Agrega los tomates, la cebolla y el cilantro hasta que estén cubiertos con jugo de lima; cubra y refrigere por 1 hora.
b) Retirar del refrigerador y mezclar con la salsa inglesa, el ketchup, la salsa picante, la sal y la pimienta.
c) Sirva en vasos de vidrio y cubra con trozos de aguacate. Coloque salsa inglesa, ketchup, rodajas de lima y salsa picante adicionales para que las personas individualicen su plato. Sirva con galletas saladas.

44. Ceviche estilo Sinaloa

Hace: 10

INGREDIENTES

3 libras de camarones crudos, pelados, desvenados y cortados en trozos pequeños
½ cebolla blanca, finamente picada
14 limas, exprimidas, cantidad dividida
1 chile serrano
1 libra de carne de cangrejo de imitación, rallada
3 tomates, sin semillas y finamente picados
1 pepino, sin semillas y finamente picado
½ cebolla morada, cortada en rodajas finas
4 chiles jalapeños, rebanados
1 manojo de cilantro, picado
½ taza de cóctel de jugo de tomate y almejas (como Clamato®)
sal y pimienta negra molida al gusto

INSTRUCCIONES:

Combine los camarones, la cebolla blanca y el jugo de 7 limas en un tazón grande. Cubra con papel film y refrigere hasta que los camarones estén opacos, aproximadamente 12 horas. Escurrir, desechando los jugos acumulados.

Licue el jugo de las 7 limas restantes con el chile serrano. Vierta en un tazón grande.

Combine la mezcla de camarones y cebolla, la carne de cangrejo, los tomates, el pepino, la cebolla morada, los chiles jalapeños y el cilantro en el tazón. Agregue el cóctel de jugo de tomate y almejas. Sazone con sal y pimienta negro.

45. Ceviche combinado de mariscos

Hace: 8

INGREDIENTES
- ½ libra de vieiras, cortadas en trozos pequeños
- ½ libra de camarones, cortados en trozos pequeños
- ½ libra de tilapia, cortada en trozos pequeños
- 2 limones medianos, exprimidos
- 2 limas medianas, exprimidas
- 1 naranja mediana, exprimida
- 1 chile serrano mediano, cortado en cubitos
- 1 aguacate mediano, cortado en cubitos
- 1 tomate mediano, sin semillas y cortado en cubitos
- ½ pepino mediano, pelado y cortado en cubitos
- ½ cebolla morada mediana, picada
- ⅛ taza de cilantro fresco picado
- 4 dientes de ajo, picados
- ¼ taza de cóctel de jugo de tomate y almejas
- 2 cucharadas de vinagre de vino blanco
- 1 cucharadita de sal
- 1 cucharadita de condimento de limón y pimienta
- ½ cucharadita de salsa inglesa
- ¼ cucharadita de pimienta blanca molida

INSTRUCCIONES:

a) Combine las vieiras, los camarones, la tilapia, el jugo de limón, el jugo de lima, el jugo de naranja y el chile serrano en un tazón grande. Tapar y refrigerar durante 1 hora, revolviendo de vez en cuando.

b) Combine el aguacate, el tomate, el pepino, la cebolla morada, el cilantro y el ajo en un tazón mediano.

c) Batir el jugo de tomate y almejas, el vinagre, la sal, el condimento de limón y pimienta, la salsa inglesa y la pimienta blanca en un tazón pequeño. Vierta sobre la mezcla de aguacate y revuelva para combinar.

d) Escurre algunos de los jugos cítricos de la mezcla de mariscos. Agregue la mezcla de jugo de aguacate y tomate y revuelva para combinar. Refrigere por 20 minutos más antes de servir.

46. Ceviche Bloody Mary

Hace: 8

INGREDIENTES
- 1 libra de camarones cocidos, pelados y desvenados
- 1 libra de tomates Roma (ciruela), picados
- ½ cebolla morada, picada
- 1 pepino, picado
- 1 manojo de cilantro, picado
- ¾ taza de mezcla Bloody Mary embotellada
- 2 limas
- salsa de pimiento picante al gusto
- sal y pimienta negra al gusto

INSTRUCCIONES:

a) Mezcle ligeramente los camarones, los tomates, la cebolla morada, el pepino y el cilantro en un bol y vierta la mezcla de Bloody Mary.

b) Exprima las limas sobre la mezcla, agregue una pizca de salsa de pimiento picante y espolvoree con sal y pimienta.

c) Mezcle nuevamente, cubra el tazón y refrigere de 3 a 4 horas, revolviendo ocasionalmente.

47. Sashimi de ceviche de tilapia y camarones

Hace: 6

INGREDIENTES
- 8 onzas de tilapia fresca, cortada en cubos pequeños
- 8 onzas de camarones cocidos, sin colas y cortados en trozos pequeños
- 4 cucharadas de aderezo de arroz para sushi
- 1 taza de piña picada
- Zumo de 1 lima
- 1 chile jalapeño pequeño, sin semillas, finamente picado
- ½ cucharadita de ajo picado
- ¼ de pimiento rojo pequeño, en cubitos pequeños
- 4 cucharaditas de cebolla verde picada, solo las partes verdes
- 4 ramitas de hojas de cilantro fresco, picadas
- chips de plátano, para servir

INSTRUCCIONES:
a) Combine la tilapia y los camarones en un tazón mediano que no sea de metal. Agrega los ingredientes restantes y revuelve bien.
b) Refrigere durante al menos 1 hora antes de servir. Para servir, ofrezca chips de plátano a un lado para usarlos como cucharas comestibles.

48. Ceviche Americano

INGREDIENTES

- 1 paquete de camarones medianos cocidos
- 2 paquetes imitación de carne de cangrejo
- 5 tomates, cortados en cubitos
- 3 aguacates medianos (en blanco)
- 1 pepino inglés
- 1 cebolla morada, picada
- 1 manojo de cilantro, picado
- 4 limas, en jugo
- 2 chiles jalapeños,
- 2 dientes de ajo, prensados
- 1 botella de cóctel de jugo de tomate y almejas
- 1 pizca de sal y pimienta negra molida

INSTRUCCIONES:

- Mezcle los camarones, el cangrejo de imitación, los tomates, los aguacates, el pepino, la cebolla morada, el cilantro, el jugo de limón, los chiles jalapeños y el ajo en un recipiente con tapa; vierta el cóctel de jugo de tomate y almejas sobre la ensalada y mezcle. Sazone al gusto con sal y pimienta negra.
- Deje marinar la ensalada durante la noche en el refrigerador; revuelva nuevamente antes de servir.

49. <u>Ceviche De Camarones Y Aguacate</u>

INGREDIENTES

a) 2 libras de camarones grandes, pelados
b) 3/4 taza de jugo de limón fresco
c) 5 tomates pera
d) 1 cebolla blanca, picada
e) 1/2 taza de cilantro fresco picado
f) 1 cucharada de salsa inglesa
g) 1 cucharada de salsa de tomate
h) 1 cucharadita de salsa de pimiento picante
i) 1 pizca de sal y pimienta al gusto
j) 1 aguacate - pelado, sin hueso y cortado en cubitos
k) 16 galletas saladas

INSTRUCCIONES:

50. Coloque los camarones y el jugo de limón en un tazón grande y revuelva para cubrir. Dejar reposar durante unos 5 minutos, o hasta que los camarones estén opacos. Agrega los tomates, la cebolla y el cilantro hasta que estén cubiertos con jugo de lima; cubra y refrigere por solo una hora.
51. Retirar del refrigerador y mezclar con la salsa inglesa, el ketchup, la salsa picante, la sal y la pimienta.
52. Sirva en vasos de vidrio y cubra con trozos de aguacate. Prepare más salsa inglesa, ketchup, rodajas de lima y salsa picante para que la gente personalice su plato. Sirva con galletas saladas.

50. Ceviche Peruano

INGREDIENTES

- 2 patatas medianas
- 2 batatas
- 1 cebolla morada, cortada en tiras finas
- 1 taza de jugo de limón fresco
- 1/2 tallo de apio, en rodajas
- 1/4 taza de hojas de cilantro ligeramente compactadas
- 1 pizca de comino molido
- 1 diente de ajo, picado
- 1 chile habanero
- 1 pizca de sal y pimienta recién molida
- 1 libra de tilapia fresca, cortada en 1/2 pulgada
- 1 libra de camarones medianos, pelados,

INSTRUCCIONES:

a) Coloca las patatas y los boniatos en una cacerola y cubre con agua. Coloca la cebolla cortada en rodajas en un recipiente con agua tibia.

b) Licue el apio, el cilantro y el comino y agregue el ajo y el chile habanero. Sazone con sal y pimienta, luego agregue la tilapia y los camarones cortados en cubitos.

c) Para servir, pela las patatas y córtalas en rodajas. Agrega las cebollas a la mezcla de pescado. Forre los tazones para servir con hojas de lechuga. Vierta el ceviche que consiste en jugo en los tazones y decore con rodajas de papa.

51. Autorretrato de ceviche

INGREDIENTES

- 1 libra de camarones, pelados y desvenados
- 4 limas de frutas, en jugo
- 4 tomates pera
- 1/2 cebolla amarilla, finamente picada
- 1 pepino, pelado y sin semillas
- 4 pimientos Chiles serranos, sin semillas
- 1 cucharadita de sal y pimienta al gusto
- 12 tostadas
- 1 cucharada de salsa de pimiento picante

INSTRUCCIONES:

a) Corte los camarones en dados y colóquelos en un tazón. Exprime el jugo de lima sobre los camarones hasta que estén completamente cubiertos, aproximadamente 4 limas. Agregue los tomates, la cebolla, el pepino, los chiles serranos y la sal y pimienta. Cubra y refrigere 1 hora.

b) Cuando esté listo para servir, ajuste el condimento con sal y pimienta según sea necesario. Sirva junto con tostadas con un chorrito de salsa picante, si lo desea.

52. ceviche solero

Rinde: 1 porción
a) 1 libra de camarones; limpiado, pelado y cortado
b) 1 libra de filetes de pargo; desollado y cortado
c) 1 cucharada de aceite de oliva
d) 1 cucharada de jugo de naranja fresco
e) 1 cucharada de vinagre blanco
f) ½ taza de jugo de limón fresco
g) 1 cucharada de ajo; Cortado
h) 1 cucharada de cebolla morada; Cortado
i) 4 onzas de pimiento rojo cortado en cubitos (aproximadamente 3/8 de taza)
j) 1 jalapeño; cortado en cubitos
k) 1 pizca de comino molido
l) 1 cucharadita de sal
m) 1 cucharada de hojas de cilantro picadas
n) 2 cucharadas de puré de maracuyá

INSTRUCCIONES:
a) Cocine los camarones en agua hirviendo hasta cubrirlos, 1 minuto. Colar y refrigerar, tapado, hasta que esté frío.
b) Combine los cubos de pargo, el aceite, el jugo de naranja, el vinagre, el jugo de limón, el ajo, la cebolla, el pimiento morrón, el jalapeño, el comino, la sal, el cilantro y el puré de maracuyá en un tazón grande. Agrega los camarones; cubra y deje marinar en el refrigerador por al menos 6 horas.
c) Sirva sobre tiras de escarola o lechuga adornada con tiras de pimiento y rodajas de lima.

53. Ceviche estilo Yucatán

Rinde: 6 porciones

INGREDIENTES
- 1½ libras de filetes de pescado blanco firmes
- ¾ libras de camarones grandes, 16-24 unidades
- 1 cebolla dulce grande
- 3 a 4 habaneros, ligeramente tostados
- 1 taza de jugo de lima fresco
- ½ taza de jugo de naranja fresco
- Corta el pescado en rodajas de ¼ de pulgada; retire los huesos a medida que avanza. Coloque el pescado en un plato de vidrio o cerámica vidriada lo suficientemente grande como para contenerlo en una sola capa.
- Pelar y desvenar los camarones, enjuagándolos sólo si es necesario para eliminar la arenilla. Corta los camarones por la mitad a lo largo o córtalos en forma de mariposa.
- Coloque los camarones sobre el pescado. Corta la cebolla por la mitad a lo largo y luego a lo ancho en rodajas finas.
- Coloque la cebolla sobre el pescado y los camarones.
- Con guantes de goma, quite el tallo, las semillas y las astillas a los Habaneros y espárzalas sobre las cebollas. Sazone el plato con sal y vierta los jugos de lima y naranja.
- Cubra y deje marinar en el refrigerador durante 8 horas o toda la noche, o hasta que el pescado y los camarones estén opacos.

54. Sashimi De Ceviche De Camarones

Hace: 6

INGREDIENTES
- 8 onzas de camarones cocidos, sin colas y cortados en trozos pequeños
- 4 cucharadas de aderezo de arroz para sushi
- 1 taza de piña picada
- Zumo de 1 lima
- 1 chile jalapeño pequeño, sin semillas, finamente picado
- ½ cucharadita de ajo picado
- ¼ de pimiento rojo pequeño, en cubitos pequeños
- 4 cucharaditas de cebolla verde picada, solo las partes verdes
- 4 ramitas de hojas de cilantro fresco, picadas
- chips de plátano, para servir

INSTRUCCIONES:
a) Combine los ingredientes y revuelva bien.
b) Refrigere durante al menos 1 hora antes de servir.
c) Para servir, ofrezca chips de plátano a un lado para usarlos como cucharas comestibles.

55. Dip picante de camarones y queso

INGREDIENTES

- 2 rebanadas de tocino sin azúcar agregada
- 2 cebollas amarillas medianas, peladas y cortadas en cubitos
- 2 dientes de ajo, picados
- 1 taza de camarones palomitas de maíz (no del tipo empanizado), cocidos
- 1 tomate mediano, cortado en cubitos
- 3 tazas de queso Monterey jack rallado
- 1/4 cucharadita de salsa picante Frank's
- 1/4 cucharadita de pimienta de cayena
- 1/4 cucharadita de pimienta negra

INSTRUCCIONES:

- Cocine el tocino en una sartén mediana a fuego medio hasta que esté crujiente, aproximadamente de 5 a 10 minutos. Mantenga la grasa en la sartén. Coloque el tocino sobre una toalla de papel para que se enfríe. Cuando esté frío, desmenuza el tocino con los dedos.
- Agregue la cebolla y el ajo a la grasa del tocino en la sartén y saltee a fuego medio-bajo hasta que estén suaves y fragantes, aproximadamente 10 minutos.
- Combine todos los ingredientes en una olla de cocción lenta; revuelva bien. Cocine tapado a temperatura baja de 1 a 2 horas o hasta que el queso esté completamente derretido.

56. Buñuelos De Camarones Picantes

Hace: 4

INGREDIENTES:
- 1 cucharada de dientes de ajo frescos picados
- Sal de mesa, al gusto
- 1 cucharada de jugo de limón fresco
- 1 libra de camarones, con la cola, desvenados y en forma de mariposa
- 1 cucharadita de cúrcuma en polvo
- 2 huevos batidos
- 2 cucharadas de harina para todo uso
- 1 cucharadita de chile rojo en polvo
- 1 chile verde serrano, sin semillas y picado
- 1 cucharada de raíz de jengibre fresco rallado
- Aceite vegetal para freír

INSTRUCCIONES:
a) Combine la cúrcuma, el chile rojo en polvo, el chile verde, el jengibre, el ajo, el jugo de limón y la sal en un recipiente poco profundo; mezclar bien.
b) Batir los huevos en un plato aparte.
c) Llene un plato llano hasta la mitad con harina.
d) Cubra cada camarón con la mezcla de especias, luego con el huevo y luego con la harina.
e) En una freidora calentar el aceite vegetal a 350°.
f) Freír los camarones en tandas hasta que estén dorados.

57. Rollitos de camarones portugueses

Hace: 4

INGREDIENTES:
- 2 patatas, peladas, cortadas en cubitos y hervidas
- 1 libra de camarones, pelados y desvenados
- ½ taza de agua
- 1 taza de pan rallado fresco
- 1 cucharadita de ajo picado
- Aceite vegetal para freír
- 2 chiles verdes serranos, sin semillas y picados
- ½ cucharadita de cúrcuma en polvo
- 2 huevos batidos
- Sal de mesa, al gusto

INSTRUCCIONES:
a) Combine los camarones, la cúrcuma en polvo, la sal y el agua en una cacerola grande.
b) Cocine a fuego lento hasta que los camarones se vuelvan traslúcidos.
c) Saca los camarones del agua y resérvalos.
d) Picar los camarones en trozos grandes y triturar las patatas.
e) Combine los camarones, las papas, los chiles verdes y el ajo en un tazón; dale forma de bolitas.
f) Calentar el aceite vegetal en una freidora a 350°.
g) Coloque los huevos en un recipiente poco profundo y el pan rallado en otro.
h) Sumerja cada rollo de camarones en los huevos y luego páselos ligeramente por el pan rallado.
i) Freír hasta que estén doradas.
j) Con una espumadera, retirar del aceite y escurrir sobre toallas de papel.

58. caldo de camarones

RINDE 5 TAZAS

INGREDIENTES
1 ½ libras de conchas de camarones, cangrejos o cangrejos

Coloca las conchas en una olla mediana y cúbrelas con agua fría. Llevar a ebullición. Tape, reduzca el fuego a medio-bajo y cocine a fuego lento durante 30 minutos. Cepa.

59. Caldo de gumbo de mariscos

Hace: 8

INGREDIENTES
- ½ libra de conchas de cangrejo
- ½ libra de cáscaras de camarón
- 6 tazas de agua fría
- 1 taza de vino blanco seco
- 1 cebolla pequeña; descuartizado
- 1 cabeza de salmón
- 1 hoja de laurel
- 3 ramitas de tomillo fresco
- 5 granos de pimienta
- 2 dientes de ajo
- 1 zanahoria; cortado en cubitos

INSTRUCCIONES:
a) Coloque la cabeza de salmón en aceite, las cáscaras de cangrejo y las cáscaras de camarones en la olla instantánea y *saltee* durante 5 minutos.
b) Vierte el agua en la olla instantánea.
c) Agrega todos los ingredientes restantes al agua.
d) Cierre la tapa de la olla instantánea y gire la manija de liberación de presión a la posición *sellada*.
e) Seleccione la función *Manual*, configúrela en alta presión y ajuste el temporizador a 48 minutos
f) Cuando suena; *Libera naturalmente* el vapor durante 10 minutos y abre la tapa de la olla instantánea.
g) Cuele el caldo preparado a través de un colador de malla y deseche todos los sólidos, retire todas las grasas de la superficie y sirva caliente.

60. Gumbo de pato

Hace: 12.

INGREDIENTES
Existencias:

- 3 patos grandes o 4 pequeños
- 1 galón de agua
- 1 cebolla, en cuartos
- 2 costillas de apio
- 2zanahorias 2 hojas de laurel 3 t. sal
- 1 cucharadita pimienta

Gumbo:

- ¾ c. harina
- ¾ c. aceite
- 2 dientes de ajo, picados
- 1 taza de cebollas finamente picadas
- ½c. apio finamente picado
- 1c. pimientos verdes finamente picados
- 1 libra de okra cortada en trozos de ¼"
- 2 cucharadas de grasa de tocino
- 1 libra. camarones crudos y pelados
- 1 punto. ostras y licor
- ¼c. perejil picado
- 2c. arroz cocido

INSTRUCCIONES:

a) Patos de piel; hervir en agua con la cebolla, el apio, las hojas de laurel, sal y pimienta durante aproximadamente 1 hora o hasta que la carne del pato esté tierna. Cepa; Quite toda la grasa y reserve 3 cuartos del caldo. Si es necesario, agregue caldo de pollo o carne para obtener 3 cuartos de caldo. Retire la carne de la carcasa y de los trozos pequeños; volver al stock. El caldo se puede preparar el día antes de hacer gumbo.

b) **Para Gumbo:** En una olla grande, haga un roux de color marrón oscuro con harina y aceite. Agrega el ajo, la cebolla, el apio y el pimiento verde; saltee la okra en grasa de tocino hasta que desaparezca toda la consistencia, aproximadamente 20 minutos; drenar. En una olla de sopa, caliente el caldo y agregue lentamente la mezcla de roux y verduras. Agrega la okra; cocine a fuego lento tapado durante 1½ horas. Agrega los camarones, las ostras y su licor y cocina 10 minutos más. Agrega el perejil y retira del fuego. Rectifica la sazón y sirve sobre arroz esponjoso y caliente.

61. Gumbo De Pollo Okra

Rinde: 8 A 10 PORCIONES

INGREDIENTES
- 1¼ taza de aceite vegetal, cantidad dividida
- 1 libra de muslos de pollo deshuesados y sin piel
- 2 cucharaditas de sal para condimentar, cantidad dividida
- 1½ cucharaditas de pimienta negra molida, cantidad dividida
- 1 cucharadita de condimento para aves
- 1 cucharadita de cebolla en polvo
- 1 cucharadita de ajo en polvo
- 2 cuartos de caldo de pollo, cantidad dividida
- 1½ tazas de apio picado
- 2 pimientos verdes grandes, picados
- 1 cebolla amarilla grande, picada
- 2 cucharaditas de ajo picado
- ½ taza de harina para todo uso
- 1 libra de salchicha andouille, picada
- 1 lata (14 onzas) de tomates cortados en cubitos
- 3 a 4 hojas de laurel
- ½ libra de okra, picada
- 1 taza de camarones secos
- 2 libras de cangrejo real de Alaska
- 1 libra de camarones grandes, pelados y desvenados
- 2½ cucharaditas de filete de gumbo molido
- Perejil fresco picado, para decorar

INSTRUCCIONES:

a) En una sartén mediana a fuego medio, vierte ¼ de taza de aceite vegetal. Una vez que el aceite esté caliente, coloca los muslos de pollo en la sartén. Sazone el pollo con 1 cucharadita de sal sazonadora, ½ cucharadita de pimienta negra, el condimento para aves, cebolla en polvo y ajo en polvo. Dore cada lado del pollo, aproximadamente 5 minutos por lado, luego vierta ½ taza de caldo de pollo. Tapa la sartén y deja que el pollo se cocine hasta que esté completamente cocido, aproximadamente 15 minutos. Una vez hecho esto, retira el pollo de la sartén y déjalo a un lado en un plato.

b) En la misma sartén, agrega el apio, los pimientos morrones y la cebolla y cocina por 2 minutos. Agregue el ajo y cocine hasta que las verduras estén bonitas y traslúcidas, luego apague el fuego.

c) En una olla grande a fuego medio, vierte la 1 taza restante de aceite vegetal. Una vez que el aceite esté caliente, comience a espolvorear la harina poco a poco. Revuelva continuamente para evitar grumos y cocine hasta que el roux adquiera un color marrón mantequilla de maní, aproximadamente 30 minutos.

d) Una vez que el roux esté bien dorado, vierte lentamente el caldo de pollo restante. Agregue las verduras cocidas, el pollo y las salchichas. Revuelva todo bien y espolvoree la 1 cucharadita restante de sal para condimentar y 1 cucharadita de pimienta negra. Agrega los tomates y las hojas de laurel. Revuelva, cubra y luego cocine durante unos 20 minutos.

e) Agregue la okra picada y los camarones secos. Revuelva, cubra y cocine a fuego lento durante 20 minutos más.

f) Ahora agrega el cangrejo. Asegúrate de que el cangrejo y los demás ingredientes queden bien cubiertos con el caldo. Cocine a fuego lento durante otros 20 minutos y luego agregue los camarones crudos. Revuelve los ingredientes y reduce el fuego a bajo.

g) Espolvoree el gumbo filé, revuelva y cocine por 7 minutos. Apaga el fuego y deja reposar el gumbo durante un par de minutos. Adorne con perejil y sirva con arroz al vapor o pan de maíz.

62. Gumbo de ternera

MARCAS: 6 PORCIONES

INGREDIENTES
- 2 libras de carne de res, cortada en trozos
- 2 cucharaditas de sal
- 2 cucharaditas de camarones secos molidos
- 6 tazas de agua
- 2 libras de okra, en rodajas
- 1 taza de flores de jamaica
- 1 cebolla
- Los chiles no tienen semillas.

INSTRUCCIONES:
a)   Coloque la carne en la olla. Agrega sal, camarones secos y agua hirviendo. Reduzca el fuego y cocine a fuego lento durante ¾ de hora, desnatando según sea necesario. Agregue la okra y cocine hasta que las semillas se pongan rojizas, aproximadamente 1 hora.
b)   Pica la cebolla y los chiles y agrégalos, revolviendo enérgicamente para desarrollar una textura pegajosa.
c)   Cocine a fuego lento durante 15 minutos.

63. Gumbo De Camarones

INGREDIENTES

- 1 libra de camarones medianos pelados
- ½ libra de pechugas de pollo deshuesadas y sin piel
- ½ taza Cocoaceite
- 3/4 taza almendra harina
- 2 tazas de cebollas picadas
- 1 taza de apio picado
- 1 taza de pimiento verde picado
- 1 cucharaditas de comino molido
- 1 cucharada de ajo fresco picado
- 1 cucharadita de tomillo fresco picado
- ½ cucharaditas de pimiento rojo
- 6 tazas de caldo de pollo
- 2 tazas de tomates cortados en cubitos
- 3 tazas de okra en rodajas
- ½ taza de perejil fresco picado
- 2 hojas de laurel
- 1 cucharadita de salsa picante

INSTRUCCIONES:

a) Saltee el pollo a fuego alto hasta que se dore en una olla grande. Retirar y reservar. Picar la cebolla, el apio y el pimiento verde y reservar.

b) Coloque el aceite y la harina en una olla. Revuelva bien y dore para hacer un roux. Cuando el roux esté listo agregue las verduras picadas. Saltear a fuego lento durante 10 minutos.

c) Agregue lentamente el caldo de pollo revolviendo constantemente.

d) Agrega el pollo y todos los demás ingredientes excepto la okra, los camarones y el perejil, que se guardarán para el final.

e) Tapar y cocinar a fuego lento durante media hora. Retire la tapa y cocine por media hora más, revolviendo ocasionalmente.

f) Agrega los camarones, la okra y el perejil. Continúe cocinando a fuego lento sin tapar durante 15 minutos.

64. Gumbo De Pollo Y Camarones

Hace: 4

INGREDIENTES
- 2 cucharadas de aceite de canola
- ¼ de taza de harina para todo uso
- 1 cebolla mediana, picada
- 1 pimiento verde, sin semillas y cortado en cubitos
- 2 tallos de apio, cortados en cubitos
- 3 dientes de ajo, picados
- 1 cucharada de tomillo fresco picado
- ¼ a ½ cucharadita de pimienta de cayena
- ½ taza de vino blanco seco
- 1 lata (14 onzas) de tomates cortados en cubitos sin sal agregada
- 2 tazas de agua
- 1 paquete (10 onzas) de okra en rodajas congelada
- 4 onzas de salchicha andouille ahumada, cortada en cubitos
- 1 libra de camarones medianos, pelados y desvenados
- 1½ libras de pechuga de pollo cocida, cortada en cubitos

INSTRUCCIONES:
a) Calienta el aceite en una olla grande o en una olla a fuego medio-alto. Agrega la harina y cocina, batiendo constantemente.
b) Agregue la cebolla, el pimiento morrón, el apio y el ajo y cocine, revolviendo ocasionalmente, hasta que las cebollas estén suaves, aproximadamente 5 minutos.
c) Agrega el tomillo y la cayena y cocina por 1 minuto más. Agregue el vino y deje hervir, revolviendo ocasionalmente.
d) Agregue los tomates con su jugo, agua y okra y cocine a fuego lento, sin tapar, durante unos 15 minutos. Agregue la salchicha y los camarones y cocine a fuego lento durante unos 5 minutos más.
e) Agregue el pollo cocido y continúe cocinando a fuego lento, revolviendo ocasionalmente, hasta que el pollo esté completamente caliente y los camarones estén opacos.

65. Gumbo de la Costa del Golfo

RINDE 8 PORCIONES

INGREDIENTES
- 1 taza de aceite vegetal
- 1 ½ tazas de harina para todo uso
- 2 ½ tazas de cebolla picada
- 1 ½ tazas de apio picado
- 1 ½ tazas de pimiento verde picado
- 3 cucharadas de ajo picado
- 1 cucharadita de Esencia Original de Emeril u otro condimento criollo
- 1 ½ cucharaditas de sal
- 1 cucharadita de pimienta negra recién molida
- ½ cucharadita de pimienta de cayena
- 2 hojas de laurel
- 1 cucharadita de tomillo seco
- 1 cucharadita de orégano seco
- 1 libra de salchicha ahumada, cortada en rodajas de ½ pulgada de grosor
- 1 libra de cangrejos gumbo, cortados por la mitad
- 10 tazas de caldo de camarones o agua
- 1 libra de colas de cangrejo de Luisiana cocidas, con algo de grasa
- 1 libra de camarones del Golfo pelados y desvenados
- ½ taza de cebollas verdes picadas, y más para servir
- 1/4 taza de hojas de perejil fresco picado, y más para servir
- Arroz blanco al vapor, para servir

INSTRUCCIONES:

a) Caliente una olla grande o una olla de sopa de fondo grueso a fuego alto durante 1 minuto. Agregue con cuidado el aceite y luego agregue la harina. Reduzca el fuego a medio-alto y revuelva la harina constantemente, raspando cada pedacito del fondo de la sartén, hasta que el roux esté uniformemente dorado y tenga el color de la mantequilla de maní oscura, aproximadamente 15 minutos. Si la harina comienza a tomar color demasiado rápido, reduzca el fuego a medio. Es importante vigilar el roux y cocinarlo con cuidado para evitar que se queme. Una vez alcanzado el color deseado, agrega la cebolla, el apio, el pimiento morrón, el ajo, la Esencia, la sal, la pimienta, la cayena, las hojas de laurel, el tomillo, el orégano y la salchicha. Continúe cocinando de 5 a 7 minutos más o hasta que las verduras se ablanden.

b) Agregue los cangrejos y el caldo a la olla y deje hervir. Reduzca el fuego a fuego lento y cocine hasta que los sabores se unan y la salsa esté aterciopelada y suave, aproximadamente 2 horas, agregando caldo adicional o agua si el gumbo se vuelve demasiado espeso durante la cocción. El grosor de un gumbo es una cuestión de gusto personal. A algunas personas les gusta un gumbo muy espeso, mientras que otras prefieren un gumbo fino y caldoso. Agrega la cantidad de líquido que se ajuste a tu preferencia.

c) Cuando el gumbo esté sabroso y tenga el espesor adecuado, agregue los cangrejos y los camarones y cocine hasta que los camarones estén bien cocidos, 2 a 3 minutos más. Agregue las cebollas verdes y el perejil. Pruebe y ajuste la sazón, si es necesario.

d) Sirva el gumbo sobre tazones de arroz al vapor con perejil picado adicional y cebollas verdes al gusto.

66. Pollo, Camarones Y Tasso Gumbo

RINDE DE 6 A 8 PORCIONES

INGREDIENTES
- 4 muslos de pollo deshuesados, cortados en trozos de 2 pulgadas con piel
- 2 cucharaditas de sal kosher
- ½ cucharadita de pimentón
- ½ cucharadita de pimienta negra recién molida
- 1 ½ tazas de aceite vegetal
- 2 1/4 tazas de harina para todo uso, cantidad dividida
- 1 libra de tasso cortado en cubitos
- 1 cebolla mediana, picada pequeña
- 2 chiles poblanos, cortados en cubitos pequeños
- 1 jalapeño pequeño, cortado en cubitos pequeños
- 3 tallos de apio, cortados en cubitos
- 4 dientes de ajo, picados
- 2 a 3 cucharaditas de sal kosher (agregue 2, pruebe y agregue la otra si es necesario)
- 1 ½ cucharaditas de pimienta negra recién molida
- 1 cucharadita de pimienta de cayena
- 1 cucharadita de pimentón
- 1 cucharadita de tomillo seco
- 1 cucharadita de filete en polvo
- 6 hojas de laurel
- 1 galón de caldo de pollo (o mitad de caldo de camarones y mitad de caldo de pollo)
- 1 libra de camarones Luisiana pelados
- Sazone el pollo con sal, pimentón y pimienta.

INSTRUCCIONES:

a) Calienta el aceite en una olla de fondo grueso de 2 galones a fuego medio-alto; el aceite debe chisporrotear suavemente cuando esté listo.

b) Cubra el pollo con ½ taza de harina y fríalo por ambos lados en aceite hasta que esté ligeramente dorado, luego retírelo a una toalla de papel. No es necesario que esté bien cocido en este punto. Agrega el exceso de harina del condimento del pollo a la harina restante y agrégala al aceite. Revuelva a fuego medio durante unos 40 minutos, o hasta que el roux adquiera un color marrón rojizo intenso, pero no demasiado oscuro.

c) Después de que el roux adquiera el color adecuado, añade el tasso, las verduras y todas las especias (reservando un poco de sal, porque algunos tasso son más picantes que otros) y cocina durante unos 4 minutos.

d) Agregue el caldo y cocine a fuego lento, asegurándose de revolver el fondo de la olla cuando el gumbo hierva a fuego lento para que no se pegue. Cocine a fuego lento durante unos 30 minutos mientras desnata toda la grasa que sube a la superficie.

e) Agregue el pollo y los camarones cocidos en este punto y cocine a fuego lento durante otros 45 minutos, quitando aún la grasa que flote hacia la superficie.

f) Sirva inmediatamente o al día siguiente con un poco de arroz al vapor y una guarnición de ensalada cremosa de patatas. El chef Link dice: "Me gusta mojar mi ensalada de patatas en el gumbo".

67. Gumbo criollo

RINDE DE 8 A 10 PORCIONES

INGREDIENTES
- ½ libra de chaurice, cortada en trozos pequeños
- ½ libra de salchicha ahumada, cortada en trozos pequeños
- ½ libra de carne para guisado de res
- ½ libra de mollejas de pollo, picadas
- 1 libra de cangrejos gumbo
- ½ taza de aceite vegetal
- ½ taza de harina para todo uso
- 2 cebollas grandes, picadas
- 3 cuartos de agua, o más según se desee
- 8 alitas de pollo, cortadas en las articulaciones y sin las puntas
- ½ libra de jamón ahumado, cortado en trozos de ½ pulgada
- 1 cucharada de pimentón
- 1 cucharadita de tomillo seco
- 1 cucharadita de sal
- 3 dientes de ajo, picados
- 1 libra de camarones medianos, pelados y desvenados
- 2 docenas de ostras desbulladas con su licor
- 1/4 taza de perejil fresco picado
- 1 cucharada de filete en polvo
- Arroz blanco cocido de grano largo, para servir

INSTRUCCIONES:

a) Coloque las salchichas, la carne, las mollejas y los cangrejos en una olla grande y pesada. Tape y cocine a fuego medio durante 30 minutos, revolviendo ocasionalmente. No necesitarás grasa extra, ya que la carne rendirá lo suficiente para cocinar.

b) Mientras se cocinan las carnes, haga un roux: caliente el aceite en una sartén, agregue la harina y revuelva constantemente a fuego medio hasta que el roux esté suave y de color marrón oscuro. Agrega las cebollas y cocina a fuego lento hasta que estén blandas. Vacía el contenido de la sartén en la olla que contiene la carne, mezclando bien. Agregue lentamente el agua y déjela hervir. Agrega las alitas de pollo, el jamón, el pimentón, el tomillo, la sal y el ajo, revuelve suavemente y baja el fuego; cubra y cocine a fuego lento durante 45 minutos. Si prefieres un gumbo más fino, agrega más agua ahora.

c) Agregue los camarones y las ostras y cocine unos minutos más (observe que los camarones se pongan rosados y las ostras se enrollen), si pasa más tiempo, se pondrán duras. Retire la olla del fuego, agregue el perejil y el filé en polvo y disfrútelo en tazones sobre arroz caliente.

68. Gumbo de mariscos criollo

RINDE DE 6 A 8 PORCIONES

INGREDIENTES
- 6 cangrejos azules medianos o cangrejos gumbo congelados, descongelados
- 2 ½ libras de camarones con cáscara y cabeza
- 2 docenas de ostras peladas, medianas a grandes con su licor
- 1 taza más 1 cucharada de canola u otro aceite vegetal, cantidad dividida
- 2 tazas de okra en rodajas, fresca o congelada y descongelada
- 1 taza de harina para todo uso
- 1 cebolla grande, picada
- 1 manojo de cebollas verdes, picadas, partes blancas y verdes separadas
- 1 pimiento verde, picado
- 2 tallos de apio, picados
- 4 dientes de ajo grandes, picados
- 2 tomates frescos grandes de temporada, pelados y picados, o 1 tomate enlatado (16 onzas) cortado en cubitos con jugo
- 3 hojas de laurel
- 1 cucharadita de condimento italiano
- Sal, pimienta negra recién molida y condimento criollo al gusto.
- 1/4 taza de perejil de hoja plana picado
- Arroz blanco cocido de grano largo, para servir

INSTRUCCIONES:

a) Prepara los cangrejos.

b) Quita las cabezas, pela y desvena los camarones, colocando las cabezas y las cáscaras en una olla mediana. Agregue suficiente agua para cubrir las cáscaras al menos 2 pulgadas y deje hervir. Tape, reduzca el fuego a bajo y cocine a fuego lento durante 30 minutos. Cuando esté ligeramente frío, cuele el caldo en una taza medidora grande y deseche las cáscaras.

c) Colar las ostras y añadir el licor al caldo de gambas. Agrega suficiente agua para hacer 7 u 8 tazas de líquido en este punto (dependiendo de qué tan espeso te guste el gumbo). Revisa las ostras en busca de fragmentos de concha.

d) Calienta 1 cucharada de aceite en una sartén amplia (no antiadherente) y agrega la okra. Saltee a fuego medio, revolviendo ocasionalmente, hasta que desaparezca toda la pegajosidad, aproximadamente 15 minutos. Alejar del calor.

e) Calienta el aceite restante en una olla grande y pesada a fuego alto; agrega la harina y revuelve constantemente hasta que el roux comience a dorarse. Reduzca el fuego a medio o medio-bajo y cocine, revolviendo constantemente, hasta que el roux tenga el color del chocolate amargo.

f) Agregue las cebollas, las partes blancas de las cebolletas, el pimiento morrón y el apio y cocine, revolviendo, hasta que estén transparentes. Agrega el ajo y cocina un minuto más. Agregue los tomates y la combinación de licor de ostras, caldo de camarones y agua hasta lograr una consistencia ligeramente espesa y suave.

g) Agrega la okra, los cangrejos, las hojas de laurel y el condimento italiano y sazona con sal, pimienta y condimento criollo; cubra y cocine a fuego lento durante 40 minutos.

h) Agrega los camarones y cocina a fuego lento durante 5 minutos más. Agregue las ostras y cocine a fuego lento hasta que se enrollen, aproximadamente 3 minutos.

i) Apague el fuego, retire las hojas de laurel y agregue la mayor parte de las cebollas verdes y el perejil, dejando un poco para decorar. Sirva en tazones sobre el arroz. Agregue trozos de cangrejo a cada tazón y decore con cebolla y perejil. Ofrezca galletas de cangrejo o nueces para las piernas.

69. Gumbo De Camarones Y Okra

RINDE 8 PORCIONES

INGREDIENTES
- 3 libras de camarones pequeños a medianos con cáscara y cabeza o 1 ½ libras de camarones congelados, pelados y desvenados, descongelados
- 1 libra de okra fresca, cortada en trozos de 1/4 de pulgada, o okra cortada congelada, descongelada
- 1 cucharada más ½ taza de aceite vegetal, dividido
- ½ taza de harina para todo uso
- 1 cebolla grande, picada
- 1 manojo de cebollas verdes, picadas, partes blancas y verdes separadas
- 1 pimiento verde, picado
- 2 tallos de apio, picados
- 3 dientes de ajo grandes, picados
- 1 lata (14,5 onzas) de tomates cortados en cubitos
- 2 cuartos de caldo de camarones o agua
- 1 ½ cucharaditas de condimento criollo
- 2 hojas de laurel
- ½ cucharadita de tomillo seco
- 1/4 taza de perejil de hoja plana picado
- Arroz blanco cocido de grano largo, para servir
- pan francés

INSTRUCCIONES:

a) Si usa camarones frescos, quíteles las cabezas, pélelos y desvenelos, colocando las cáscaras y las cabezas en una olla mediana. Agregue suficiente agua para cubrir las cáscaras al menos 2 pulgadas y deje hervir. Tape, reduzca el fuego a bajo y cocine a fuego lento durante 30 minutos. Cuando esté ligeramente frío, cuele el caldo en una taza medidora grande y deseche las cáscaras.

b) Si usa okra fresca, caliente 1 cucharada de aceite en una sartén de tamaño mediano a grande. A fuego medio, cocine la okra, revolviendo ocasionalmente, hasta que desaparezca el líquido fibroso. Dejar de lado.

c) Calienta el aceite restante en una olla grande y pesada a fuego alto. Agrega la harina y revuelve constantemente hasta que el roux comience a dorarse. Reduzca el fuego a medio y cocine, revolviendo constantemente, hasta que el roux tenga el color del chocolate con leche. Agrega las cebollas y las partes blancas de las cebolletas y cocina, revolviendo, hasta que las cebollas comiencen a caramelizarse. Agregue el pimiento morrón y el apio y cocine hasta que se ablanden. Agrega el ajo y cocina un minuto más.

d) Agregue los tomates y agregue gradualmente el caldo o el agua. Agrega todos los condimentos excepto el perejil, reduce el fuego a bajo, tapa y cocina a fuego lento durante 30 minutos. Agregue los camarones y cocine a fuego lento hasta que se pongan rosados, aproximadamente 10 minutos. Retirar del fuego y agregar las cebolletas y el perejil y retirar las hojas de laurel.

e) Sirva en tazones sobre arroz caliente con pan francés caliente.

70. Súper Gumbo

RINDE DE 10 A 12 PORCIONES

INGREDIENTES
- 2 libras de camarones con cáscara y cabeza
- 1 libra de cangrejos gumbo frescos o congelados, descongelados si están congelados
- 6 piezas de pollo (como piernas y muslos)
- Sal, pimienta y condimento criollo al gusto.
- 1 libra de okra fresca, cortada en trozos, o okra cortada congelada, descongelada
- 1 cucharada más 1 taza de aceite vegetal, dividido
- 1 taza de harina para todo uso
- 1 cebolla grande, picada
- 1 manojo de cebollas verdes, picadas, partes blancas y verdes separadas
- 1 pimiento verde, picado
- 2 tallos de apio, picados
- 4 dientes de ajo, picados
- ½ libra de andouille u otra salchicha ahumada, cortada en cuartos a lo largo y en rodajas de 1/4 de pulgada de grosor
- 2 tomates frescos, cortados en cubitos o 1 lata (14,5 onzas) de tomates cortados en cubitos
- 2 cucharadas de pasta de tomate
- 9 tazas de caldo de mariscos o pollo, o una combinación de ambos
- 3 hojas de laurel
- ½ cucharadita de condimento criollo
- 1 cucharadita de sal
- Varias vueltas a un molinillo de pimienta negra
- 2 cucharadas de perejil de hoja plana picado
- Arroz blanco cocido de grano largo, para servir

INSTRUCCIONES:

a) Quita las cabezas, pela y desvena los camarones, colocando las cabezas y las cáscaras en una olla mediana. Agregue suficiente agua para cubrir las cáscaras al menos 2 pulgadas y deje hervir. Tape, reduzca el fuego y cocine a fuego lento durante 30 minutos. Cuando esté ligeramente frío, cuele el caldo en una taza medidora grande y deseche las cáscaras.

b) Retire de los cangrejos todo lo que no sean las cáscaras que contienen la carne de cangrejo, dejando las patas y la grasa amarilla y naranja en su lugar. Si alguna parte del caparazón necesita limpieza, hágalo con una esponja.

c) Enjuague y seque los trozos de pollo y espolvoree generosamente con sal, pimienta y condimento criollo.

d) En una sartén mediana, calienta 1 cucharada de aceite vegetal; agregue la okra y cocine a fuego alto, revolviendo frecuentemente, hasta que comience a dorarse ligeramente. Reduce el fuego a medio y continúa cocinando hasta que desaparezca el líquido pegajoso.

e) En una olla grande y pesada, caliente 2 cucharadas del aceite restante y dore los trozos de pollo por todos lados. Retira el pollo y ponlo a un lado.

f) Agrega el aceite restante y la harina a la olla y revuelve a fuego alto hasta que el roux adquiera un color marrón claro. Reduzca el fuego a medio y cocine, revolviendo constantemente, hasta que el roux esté de color marrón oscuro (del color de la mantequilla de maní o un poco más oscuro). Tenga cuidado de no quemarlo.

g) Agregue las cebollas, las partes blancas de las cebolletas, el pimiento morrón y el apio y cocine, revolviendo, hasta que estén transparentes. Agrega el ajo y cocina un minuto más. Agrega la salchicha, los tomates y la pasta de tomate y cocina otros 5 minutos. Agregue gradualmente el caldo.

h) Agrega todos los condimentos excepto el perejil. Llevar a ebullición y luego reducir el fuego a fuego lento. Tape y cocine durante aproximadamente 1 hora y 20 minutos, revolviendo ocasionalmente y quitando la grasa de la parte superior. Agrega los camarones, el perejil y la cebolla verde, sube el fuego y cocina por varios minutos hasta que los camarones se pongan rosados. Prueba para ajustar los condimentos y retira las hojas de laurel.

i) Sirva en tazones sobre el arroz cocido.

71. Filé Gumbo

RINDE DE 6 A 8 PORCIONES

INGREDIENTES
- 2 libras de camarones con cáscara y cabeza
- ½ taza de aceite vegetal o grasa de tocino
- ½ taza de harina para todo uso
- 1 cebolla, picada
- 1 pimiento verde, picado
- 3 dientes de ajo, picados
- 2 cucharadas de pasta de tomate
- 2 hojas de laurel
- ½ cucharadita de sal, o al gusto
- ½ cucharadita de pimienta negra recién molida o al gusto
- ½ cucharadita de pimienta de cayena o al gusto
- 2 cucharadas de filete en polvo
- 1 libra de carne de cangrejo gigante
- Arroz blanco cocido de grano largo, para servir

INSTRUCCIONES:

a) Quita las cabezas, pela y desvena los camarones, colocando las cabezas y las cáscaras en una olla mediana. Agregue suficiente agua para cubrir las cáscaras al menos 2 pulgadas y deje hervir. Tape, reduzca el fuego y cocine a fuego lento durante 30 minutos. Cuando esté ligeramente frío, cuele el caldo en una taza medidora grande y deseche las cáscaras. Si es necesario, agregue suficiente agua al caldo para obtener 5 tazas de líquido. Dejar de lado.

b) En una olla grande y pesada, combine el aceite y la harina. Revuelve constantemente a fuego alto hasta que la harina comience a dorarse. Reduzca el fuego a medio y revuelva constantemente hasta que el roux adquiera un color marrón oscuro.

c) Agregue las cebollas y el pimiento morrón y cocine hasta que se ablanden. Agrega el ajo y cocina un minuto más. Agregue la pasta de tomate y cocine a fuego lento durante 5 minutos, revolviendo ocasionalmente. Agregue gradualmente el caldo de camarones. Agregue todos los condimentos excepto el filé, tape y cocine a fuego lento durante 30 minutos.

d) Agrega los camarones y continúa cocinando durante 3 minutos si los camarones son pequeños o 7 minutos si son grandes. Apaga el fuego. Si vas a servir todo el gumbo inmediatamente, agrega el filé y mezcla bien. (De lo contrario, reserve el filé para agregarlo a tazones individuales). Agregue suavemente la carne de cangrejo.

e) Sirva en tazones sobre el arroz caliente. Si no ha agregado el filé, agregue ½ a 3/4 cucharadita a cada tazón, dependiendo del tamaño de los tazones.

72. Gumbo sin Roux

RINDE DE 6 A 8 PORCIONES

INGREDIENTES
- 2 libras de camarones medianos con cáscara y cabeza o 1 libra de camarones congelados, pelados y desvenados, descongelados
- 3 tazas de okra fresca en rodajas o 3 tazas de okra cortada congelada, descongelada
- 1 libra de muslos de pollo deshuesados, cortados en trozos de 1 pulgada
- Sazonador criollo para espolvorear pollo más ½ cucharadita
- 1 cucharadita más 3 cucharadas de aceite vegetal
- 1 cebolla grande, picada
- 1 pimiento verde, picado
- 1 manojo de cebollas verdes, picadas, con las partes verdes y blancas separadas
- 2 tallos de apio, picados
- 3 dientes de ajo, picados
- 1 lata (15 onzas) de tomates triturados
- 4 tazas de caldo de camarones y/o pollo
- ½ cucharadita de sal
- 10 molidos en un molinillo de pimienta negra
- 1 cucharadita de sal de apio
- 1 cucharada colmada de perejil de hoja plana picado
- 1 cucharada de filete en polvo
- Arroz blanco cocido de grano largo, para servir

INSTRUCCIONES:

a) Si usa camarones frescos, quíteles las cabezas y las cáscaras y desvené los camarones. Coloque las cáscaras y las cabezas en una olla mediana, agregue suficiente agua para cubrir las cáscaras al menos 2 pulgadas y deje hervir. Tape, reduzca el fuego a bajo y cocine a fuego lento durante 30 minutos. Cuando esté ligeramente frío, cuele el caldo en una taza medidora grande y deseche las cáscaras. Necesitarás 4 tazas de caldo. Reserva el resto para un uso posterior.

b) Calienta 1 cucharadita de aceite en una sartén a fuego medio y agrega la okra. Cocine, volteando con frecuencia, hasta que se elimine toda la viscosidad de la okra. Dejar de lado.

c) Espolvorea el pollo por todos lados con el condimento criollo. Calienta el aceite restante en una olla grande y pesada y, en 2 tandas, dora los trozos de pollo por todos lados. Retire el pollo a un plato.

d) Agrega la cebolla, las partes blancas de las cebolletas, el pimiento morrón y el apio a la olla y saltea hasta que estén transparentes. Agrega el ajo y sofríe un minuto más.

e) Regrese el pollo a la olla y agregue la okra, los tomates, el caldo, el resto del condimento criollo, la sal, la pimienta y la sal de apio. Cubra y cocine a fuego lento durante 30 minutos.

f) Agregue los camarones, las cebolletas y el perejil y cocine de 5 a 10 minutos más, o hasta que los camarones estén rosados. Agrega el filé a la olla si pretendes servir todo el gumbo. Sirva en tazones sobre el arroz. Si no ha agregado el filé, agregue ½–3/4 cucharadita a cada tazón.

73. Almejas, Camarones y Cangrejo

Rinde: 10 PORCIONES

INGREDIENTES
- ½ libra de tocino, picado
- 1 cebolla amarilla grande, picada
- 2 zanahorias medianas, peladas y cortadas en cubitos
- 2 tallos de apio, cortados en cubitos
- 2½ tazas de caldo de mariscos
- 2 patatas rojas grandes, peladas y cortadas en cubitos
- 3 dientes de ajo, picados
- ¾ taza (1½ barra) de mantequilla salada
- ¾ taza de harina para todo uso
- 2 tazas de crema espesa
- 2 tazas de leche entera
- 1 taza de almejas picadas
- ½ taza de carne de cangrejo
- 2 cucharaditas de sal kosher
- 1 cucharadita de pimienta negra molida
- ½ libra de camarones crudos medianos, pelados y desvenados
- 2 cucharadas de perejil fresco picado

INSTRUCCIONES:

a) Echa el tocino en una olla grande y enciende el fuego a medio. Cocine el tocino hasta que esté crujiente. Luego retíralo de la olla, reserva la grasa de la olla y deja el tocino a un lado.

b) Agrega la cebolla, la zanahoria y el apio a la olla. Cocine hasta que estén tiernos y tiernos, luego vierta el caldo de mariscos. Añade las patatas y el ajo y cocina a fuego lento durante unos 15 minutos, todavía a fuego medio.

c) Mientras se cocina, en una cacerola mediana, agrega la mantequilla y derrítela a fuego medio. Espolvorea la harina y bate. Cocine durante 3 minutos, revolviendo continuamente, luego vierta la nata y la leche. ¡Asegúrate de batir para que no quede grumos!

d) Vierta la mezcla de mantequilla y harina en la olla grande con los demás ingredientes y revuelva. Agrega las almejas, el cangrejo, la sal y la pimienta negra. Mezcle los ingredientes, luego reduzca el fuego a bajo.

e) Agrega los camarones y el tocino y revuelve.

f) Cocine a fuego lento durante 15 minutos. Complete con perejil fresco antes de servir.

74. Etouffee camarones

Rinde: 4 PORCIONES

INGREDIENTES
- ½ taza de mantequilla salada
- ½ taza de harina para todo uso
- 1 cucharada de aceite vegetal
- 1 pimiento verde grande, cortado en cubitos
- ½ cebolla mediana, picada
- 2 tallos de apio, cortados en cubitos
- 3 dientes de ajo, picados
- 1 lata (14 onzas) de tomates cortados en cubitos
- 1 cucharada de pasta de tomate
- 2 tazas de caldo de pollo o caldo de mariscos
- 2 ramitas de tomillo fresco y más para decorar
- 1½ cucharaditas de condimento criollo
- 1 cucharadita de salsa inglesa
- ½ cucharadita de pimienta negra molida
- ½ cucharadita de hojuelas de pimiento rojo
- 2 libras de camarones gigantes crudos, pelados y desvenados
- 2 tazas de arroz blanco cocido

INSTRUCCIONES:

a) En una cacerola grande a fuego medio, derrita la mantequilla. Una vez que la mantequilla se derrita, agrega la harina y bate hasta que todo esté bien combinado. Cocine el roux hasta que alcance un bonito y rico color marrón, de 10 a 15 minutos, ¡pero asegúrese de no quemarlo!

b) Agregue los pimientos morrones, la cebolla, el apio y el ajo. Cocine hasta que las verduras se ablanden, de 3 a 5 minutos. Luego agregue los tomates cortados en cubitos y la pasta de tomate. Vierta lentamente el caldo y agregue el tomillo fresco. Mezcle hasta que todo esté bien combinado, luego espolvoree el condimento criollo, la salsa inglesa, la pimienta negra y las hojuelas de pimiento rojo. Revuelve los ingredientes y deja cocinar durante 5 minutos a fuego medio-alto.

c) Comience a agregar lentamente los camarones y revuelva. Reduce el fuego a bajo y cocina por 5 minutos más. Retire las ramitas de tomillo. Adorne con tomillo y sirva con arroz caliente.

75. sopa de camarones jamaicana

HACE: 2

INGREDIENTES
- 2 cucharadas de pasta de curry verde
- 1 taza de caldo de verduras
- 1 taza de leche de coco
- 6 onzas. Camarones Precocidos
- 5 onzas Floretes de brócoli
- 3 cucharadas de cilantro, picado
- 2 cucharadas de aceite de coco
- 1 cucharada de salsa de soja
- Jugo de ½ lima
- 1 cebolleta mediana, picada
- 1 cucharadita de ajo asado triturado
- 1 cucharadita de jengibre picado
- 1 cucharadita de salsa de pescado
- ½ cucharadita de cúrcuma
- ½ taza de crema agria

INSTRUCCIONES:
a) En una cacerola mediana, derrita el aceite de coco.
b) Agrega el ajo, el jengibre, las cebolletas, la pasta de curry verde y la cúrcuma. Agrega la salsa de soja y la salsa de pescado.
c) Cocine por 2 minutos.
d) Agregue el caldo de verduras y la leche de coco y revuelva bien. Cocine durante unos minutos a fuego lento.
e) Agrega los floretes de brócoli y el cilantro y revuelve bien una vez que el curry se haya espesado un poco.
f) Cuando esté satisfecho con la consistencia del curry, agregue los camarones y el jugo de limón y revuelva todo.
g) Cocine durante unos minutos a fuego lento. Si es necesario, sazone con sal y pimienta.

76. Gumbo de bagre cajún

Rinde: 10 porciones

INGREDIENTES
2 tazas de cebollas picadas
2 tazas de cebollas verdes; Cortado *
1 taza de apio picado
½ taza de pimiento morrón; Cortado
6 cl de ajo; Cortado
6 filetes de bagre de 7 oz; cortar
3 filetes de bagre de 7 oz; para st
1 libra de carne de cangrejo; (garra)
1 libra de camarones; (pelado)
1½ taza de aceite
1½ taza de harina
4 cuartos de agua caliente
Sal; probar
Pimienta de cayena; probar
*separar y reservar las verduras.

INSTRUCCIONES:

a) En una olla aparte, cocine a fuego lento 3 (7 oz) filetes de bagre en 1 litro de agua ligeramente salada durante 15 minutos. Colar con una gasa y reservar el líquido. Picar el bagre y reservar la carne. En una olla de gumbo de fondo grueso, agregue el aceite y la harina. Cocine a fuego medio alto revolviendo constantemente hasta que se doren. ¡Precaución, no quemar! Agregue todos los condimentos excepto las cebollas verdes. Saltee durante 5 minutos.

b) Agrega todo el caldo de pescado y el bagre picado. Agregue agua caliente, un cucharón a la vez, hasta lograr la consistencia de una sopa espesa. Agregue la carne de cangrejo y la mitad de los camarones. Reducir a fuego lento. Cocine aproximadamente 45 minutos, revolviendo ocasionalmente. Agregue el bagre, los camarones restantes y las cebollas verdes. Cocine de 10 a 15 minutos. Sazone al gusto con sal y pimienta de cayena. Agregue agua si es necesario para retener el volumen. Servir sobre arroz blanco.

77. Jambalaya de pollo, camarones y salchichas

RINDE DE 6 A 8 PORCIONES

INGREDIENTES
- 1 pollo, cortado en 10 trozos, partiendo la pechuga en cuartos Sal, pimienta negra recién molida y condimento criollo, al gusto
- 1/4 taza de aceite vegetal
- 1 libra de salchicha ahumada, preferiblemente carne de cerdo, cortada en rodajas de 1/4 de pulgada de grosor
- 1 cebolla grande, picada
- 6 cebollas verdes, picadas, partes verdes y blancas separadas
- 1 pimiento verde, picado
- 2 tallos de apio, picados
- 4 dientes de ajo, picados
- 3 tazas de agua, o más según sea necesario
- ½ cucharadita de sal
- ½ cucharadita de pimienta negra recién molida
- 1 cucharada de condimento criollo
- 1 ½ tazas de arroz blanco de grano largo
- 2 libras de camarones, pelados y desvenados, o 1 libra de camarones congelados medianos, pelados y desvenados, descongelados
- 1/3 taza de perejil italiano de hoja plana picado

INSTRUCCIONES:

a) Enjuague los trozos de pollo y séquelos. Sazone por todos lados con sal, pimienta negra recién molida y condimento criollo. Calienta el aceite en una olla grande y pesada. Cuando esté caliente, dora el pollo por todos lados y retíralo a toallas de papel. Dorar la salchicha y retirar de la olla.

b) Si es necesario, agregue suficiente aceite extra para cubrir el fondo de la olla. Agrega la cebolla, las partes blancas de las cebolletas, el pimiento morrón y el apio y sofríe hasta que esté transparente. Agrega el ajo y sofríe un minuto más. Agrega el agua y los condimentos y deja hervir a fuego alto. Agrega el arroz, tapa y reduce el fuego a bajo. Cocine a fuego lento durante 20 minutos. Agregue suavemente los camarones (en este punto, todavía debe haber algo de líquido en el fondo de la olla. De lo contrario, agregue 1/4 taza de agua para humedecer mientras los camarones se cocinan), las puntas de la cebolla verde y el perejil y cocine a fuego lento. 10 minutos más, o hasta que se haya absorbido el agua. Revuelva suavemente para no romper los ingredientes.

c) Sirva caliente con pan francés caliente y ensalada y salsa picante Luisiana como acompañamiento.

78. Jambalaya en olla de cocción lenta

RINDE DE 6 A 8 PORCIONES

INGREDIENTES

- 1 ½ libras de muslos de pollo deshuesados, enjuagados, sin exceso de grasa y cortados en cubos de 1 pulgada
- 3 salchichas ahumadas cajún (aproximadamente 14 onzas en total), cortadas en rodajas de 1/4 de pulgada de grosor
- 1 cebolla mediana, picada
- 1 pimiento verde, picado
- 1 tallo de apio, picado
- 3 dientes de ajo, picados
- 2 cucharadas de pasta de tomate
- 1 cucharadita de condimento criollo
- 1 cucharadita de sal
- ½ cucharadita de pimienta negra recién molida
- ½ cucharadita de salsa tabasco
- ½ cucharadita de salsa inglesa
- 2 tazas de caldo de pollo
- 1 ½ tazas de arroz de grano largo
- 2 libras de camarones medianos, pelados y desvenados (opcional)

INSTRUCCIONES:

a) Coloque todos los ingredientes (excepto los camarones, si los usa) en una olla de cocción lenta. Mezcle, cubra y cocine a fuego lento durante 5 horas.

b) Si usa camarones, revuélvalos suavemente después de las 5 horas de cocción y cocine a temperatura alta durante 30 minutos a 1 hora más, o hasta que los camarones estén cocidos pero no demasiado cocidos.

79. Rollos de repollo rellenos de jambalaya

Rinde: 6 A 8 PORCIONES

INGREDIENTES
- 2 cucharadas de aceite de oliva virgen extra
- 1 libra de salchicha andouille, picada
- 1 pimiento rojo grande, cortado en cubitos
- 1 pimiento verde grande, cortado en cubitos
- 1 cebolla morada grande, picada
- 1 lata (14,5 onzas) de tomates cortados en cubitos, sin escurrir
- 2 cucharadas de pasta de tomate
- 5 dientes de ajo, picados
- 2½ cucharaditas de condimento cajún, cantidad dividida
- 2 cucharaditas de tomillo seco
- 2 cucharaditas de pimentón
- 2 cucharaditas de salsa inglesa
- 1½ cucharaditas de sal de apio
- 3 hojas de laurel
- 6 tazas de caldo de verduras, cantidad dividida
- 1½ tazas de arroz blanco crudo
- 1 libra de camarones crudos medianos, pelados y desvenados
- 1 cabeza grande de repollo, sin hojas individualmente
- Aceite vegetal, para engrasar
- 1 taza de salsa de tomate enlatada
- Sal kosher y pimienta negra, al gusto

INSTRUCCIONES:

a) En una olla grande a fuego medio, rocía el aceite. Una vez que el aceite esté caliente, echa la salchicha y cocina hasta que se dore. Retire la salchicha de la olla y déjela a un lado.

b) A continuación, añade los pimientos y la cebolla. Cocine hasta que estén tiernos y tiernos, luego agregue los tomates (con el jugo), la pasta de tomate y el ajo. Revuelva bien. Agregue 2 cucharaditas de condimento cajún, el tomillo, el pimentón, la salsa inglesa, la sal de apio, las hojas de laurel y 3 tazas de caldo de verduras. Revuelve los ingredientes y luego vuelve a agregar la salchicha a la olla, junto con el arroz crudo. Revuelve nuevamente y cocina de 25 a 30 minutos, o hasta que se absorba el líquido. Luego agrega los camarones, revuelve y retira del fuego. Poner a un lado.

c) En una olla aparte a fuego medio, agregue las hojas de repollo y las 3 tazas restantes de caldo de verduras. Cocine hasta que el repollo se ablande, luego escurra y enfríe.

d) Engrase ligeramente una fuente para horno. Envuelva aproximadamente ¼ de taza de jambalaya en cada hoja de repollo y coloque los panecillos en la fuente para hornear. Poner a un lado.

e) En un tazón pequeño, combine la salsa de tomate, la ½ cucharadita restante del condimento cajún, la sal y la pimienta. Revuelva hasta que esté bien combinado.

f) Vierta la salsa de tomate sobre los rollitos de repollo, luego cubra la fuente para hornear con papel de aluminio y hornee durante 25 a 30 minutos. Retirar del horno y dejar enfriar antes de servir.

80. Jambalaya de camarones rotos

Rinde: 6 porciones

INGREDIENTES
1½ libras de camarones partidos (cocidos)
1 taza de aceite de maní
4 cebollas de cada una, picadas
5 dientes de ajo de cada uno
2 manojos de chalotes de cada uno
1 pimiento morrón, picado
2 cucharaditas de pimentón
1 x pimienta roja, negra y blanca
1 sal
¼ libras de salchicha ahumada 3 c Ri
5 tazas de agua

Caliente el aceite, agregue la cebolla, el ajo, las chalotas, el pimiento morrón, la salchicha ahumada, el pimentón, la sal y los pimientos y saltee bien. Agrega los trozos de camarón, el arroz y el agua. Llevar a ebullición, tapar y a fuego muy lento cocinar al vapor durante 20 a 25 minutos. Revuelva con un tenedor y vuelva a colocar la tapa.
Sazone con salsa picante al gusto.

81. jambalaya de cuscús

Rinde: 2 porciones

INGREDIENTES
- 1 cucharada de aceite vegetal
- ¼ taza de apio picado
- ¼ de taza de pimiento verde picado
- ¼ taza de cebolla picada
- 2 cucharadas de ajo picado
- ½ taza de pollo cortado en cubitos
- ½ taza de salchicha andouille picada
- 1 taza de caldo de pollo
- 12 camarones; pelado y picado
- ½ taza de tomates cortados en cubitos
- 1 explosión de pantano
- 1 salsa inglesa; probar
- 1 salsa tabasco; probar
- 1 sal; probar
- 1 pimienta negra recién molida; probar
- 1 taza de cuscús
- 1 cebollino picado; para Decorar

Caliente el aceite en una olla mediana, agregue las verduras picadas y saltee hasta que estén tiernas, 5 minutos. Agrega el ajo, el pollo y la salchicha; cocine, revolviendo con frecuencia, 5 minutos. Agregue el caldo y deje hervir. Agrega los camarones, los tomates y los condimentos al gusto; cocine por 3 minutos. Agrega el cuscús, tapa y retira del fuego; déjelo reposar durante 15 minutos, hasta que el cuscús se ablande y absorba todo el líquido. Revuelva el cuscús con un tenedor. Pruebe, ajuste los condimentos y vuelva a calentar brevemente, si es necesario. Sirva adornado con cebolletas.

82. Sopa De Maíz Y Camarones

RINDE 8 PORCIONES

INGREDIENTES
- 2 libras de camarones medianos con cáscara y cabeza
- 8 mazorcas de maíz
- 1 barra de mantequilla
- ½ taza de harina para todo uso
- 1 cebolla grande, picada
- 3 cebollas verdes, picadas, partes blanca y verde separadas
- 1 pimiento verde, picado
- 2 tallos de apio, picados
- 1 cucharadita de ajo picado
- 1 lata (10 onzas) de tomates y chiles verdes originales Ro-Tel
- Sal, pimienta negra recién molida y condimento criollo al gusto.
- ½ litro de crema espesa
- 2 cucharadas de perejil de hoja plana picado

INSTRUCCIONES:

a) Quite la cabeza, pele y desvene los camarones, colocando las cabezas y las cáscaras en una olla grande. Reserva los camarones en el frigorífico.

b) Con un cuchillo muy afilado, corte los granos de las mazorcas de maíz y póngalos en un tazón muy grande. Con un cuchillo de mesa sin filo, raspe las mazorcas para liberar todo el jugo de maíz en el tazón. Dejar de lado.

c) Agrega las mazorcas de maíz a la olla con las cáscaras de camarón. Agregue suficiente agua para cubrir las cáscaras y las mazorcas y deje hervir. Reduzca el fuego a medio y cocine a fuego lento durante 30 minutos, sin tapar. Cuando esté ligeramente frío, cuele el caldo en una taza medidora grande y deseche las cáscaras y las mazorcas. Deberías tener 8 tazas de caldo; de lo contrario, agregue suficiente agua para preparar 8 tazas de líquido.

d) En una olla grande y pesada, derrita la mantequilla a fuego medio; agregue la harina y cocine, revolviendo constantemente, hasta que el roux adquiera el color caramelo.

e) Agrega la cebolla, las partes blancas de las cebolletas, el pimiento morrón, el apio y el ajo y cocina hasta que las cebollas estén traslúcidas. Agregue los tomates y agregue gradualmente el caldo. Sazone con sal, pimienta y condimento criollo y cocine a fuego lento, tapado, durante unos 15 minutos. Agrega el maíz y cocina 10 minutos más. Agrega los camarones y cocina hasta que estén rosados, aproximadamente 2 minutos. Agrega la crema, las puntas de cebolla verde y el perejil. Cuando esté listo para servir, calentar suavemente. No hervir.

83. Camarones y sémola

RINDE 6 PORCIONES

INGREDIENTES
- 3 libras de camarones grandes (alrededor de 15 a 20 por libra), pelados y desvenados
- 5 cucharadas de mantequilla, divididas
- 8 cebollas verdes, picadas
- 5 dientes de ajo grandes, picados
- Ralladura y jugo de 1 limón
- 1/3 taza de vino blanco seco
- 1 cucharada de salsa inglesa
- 1 cucharadita de condimento italiano
- Pimienta negra recién molida, al gusto
- ½ cucharadita más 1/4 de cucharadita de sal, cantidad dividida
- 1 cucharadita de condimento criollo
- 2 cucharadas de perejil de hoja plana picado
- 1 taza de sémola rápida
- 4 1/4 tazas de agua
- 1/4 taza de parmesano recién rallado

INSTRUCCIONES:

a) Derrita 4 cucharadas de mantequilla en una sartén grande y pesada a fuego medio. Agregue las cebollas y el ajo y saltee hasta que se ablanden. Agrega los camarones y saltea, revolviendo, durante unos minutos hasta que adquieran un color rosado. Agregue la ralladura y el jugo de limón, el vino, la salsa inglesa, el condimento italiano, la pimienta, el condimento criollo y ½ cucharadita de sal y cocine a fuego lento durante unos 3 minutos. No cocines demasiado los camarones. Retirar del fuego y espolvorear con perejil.

b) Para cocinar la sémola, hierva el agua en una cacerola grande y agregue la sémola en un chorro constante mientras revuelve. Agrega la sal restante. Tape, reduzca el fuego a bajo y cocine a fuego lento durante unos 10 minutos. Retire del fuego y agregue el parmesano y la mantequilla restante. Sirva los camarones sobre la sémola en platos o tazones.

84. Rémoulade de camarones

RINDE DE 6 A 8 PORCIONES

INGREDIENTES
- ½ taza de cebollas verdes picadas
- ½ taza de apio picado
- 1/4 taza de perejil de hoja plana picado
- 2 dientes de ajo, picados
- ½ taza de rábano picante fresco (se encuentra en la sección refrigerada de las tiendas de comestibles)
- ½ taza de salsa de tomate
- 3/4 taza de mostaza criolla
- 2 cucharadas de salsa inglesa
- 3 cucharadas de jugo de limón fresco
- 1/8 cucharadita de pimienta de cayena
- Sal, pimienta negra recién molida y pimienta de cayena al gusto
- 3 libras de camarones grandes pelados y desvenados
- Lechuga rallada, aproximadamente 4 tazas

INSTRUCCIONES:
a) En un bol, combine todos los ingredientes excepto los camarones y la lechuga y mezcle bien. Pruebe y ajuste los condimentos.
b) Varias horas antes de servir, coloca los camarones en un tazón grande. Agrega poco a poco la salsa hasta que la consistencia sea de tu agrado. Puede que algunos prefieran todo el aderezo y otros, menos. Sirva sobre lechuga rallada.
a) Sirva sobre queso crema para untar sobre galletas saladas.

85. Mirlitones Rellenos

RINDE DE 6 A 8 PORCIONES (1 A 2 MITADES DE MIRLITON POR RACIÓN)

INGREDIENTES
- 6 militones
- 7 cucharadas de mantequilla, divididas
- 1 cebolla mediana, picada
- 1 manojo (6–8) de cebollas verdes, picadas, con las partes blanca y verde separadas
- 2 tallos de apio, picados
- 4 dientes de ajo, picados
- 1 cucharadita de condimento italiano
- 1 cucharadita de salsa tabasco
- 1 cucharada de jugo de limón fresco
- Sal y pimienta negra recién molida al gusto.
- 2 libras de camarones medianos, pelados y desvenados, o 1 libra de camarones congelados, pelados y descongelados
- 1 libra de carne de cangrejo
- 1 1/4 tazas de pan rallado italiano, cantidad dividida

INSTRUCCIONES:

a) En una olla grande, hierva los mirlitons enteros hasta que estén tiernos al pincharlos con un tenedor, aproximadamente 1 hora. Escurrir y enfriar.

b) Mientras tanto, derrita 4 cucharadas de mantequilla en una sartén grande. Agrega la cebolla, las partes blancas de las cebolletas y el apio y sofríe hasta que esté transparente. Agrega el ajo y sofríe un minuto más. Agrega los condimentos y el jugo de limón y retira del fuego.

c) Cortar los mirlitones por la mitad a lo largo y quitarles las semillas. Saque la pulpa, dejando una cáscara de aproximadamente 1/4 de pulgada de grosor. Agregue la carne de mirliton a la sartén y cocine a fuego lento durante unos 5 minutos. Agregue los camarones y la cebolla verde y cocine, revolviendo, hasta que los camarones se pongan rosados. Mezcle ½ taza de pan rallado italiano y la carne de cangrejo, revolviendo suavemente para que la carne de cangrejo quede en trozos.

d) Forre una bandeja para hornear engrasada con conchas de mirliton. Rellena las conchas con la mezcla de mariscos y espolvorea cada una con 1 cucharada del pan rallado restante. Corta la mantequilla restante en trozos pequeños y salpica la parte superior de los mirlitons.

e) Hornee hasta que se dore por encima, aproximadamente 30 minutos. O dorar debajo del asador en los últimos minutos de cocción. Servir inmediatamente.

86. chile lagniappe

Rinde: 40 porciones

INGREDIENTES
- 1 libra de frijoles pintos secos
- 6 cuartos de agua o caldo de res
- 2 hojas de laurel
- 3 onzas de tomates secos
- 1 cucharada de salvia
- 1 cucharadita de orégano
- 3 cucharaditas de cayena en polvo
- 1 cucharada de semillas de mostaza negra; asado
- 1 cucharada de semilla de comino; asado
- ½ taza de salsa inglesa
- ½ taza de nuoc mam
- ¼ taza de pimienta negra
- ¼ taza de pimentón picante
- ¼ taza de comino molido
- 4 chiles chipotles grandes; roto en pedazos
- 2 chiles jalapeños grandes; Cortado
- 2 libras de tomates frescos; Cortado
- 1 lata (28 onzas) de tomates pelados; Cortado
- 12 onzas de pasta de tomate
- 2 cabezas de ajo; presionado
- 2 cebollas amarillas grandes; Cortado
- 4 cucharadas de aceite de canola
- 1 libra de kielbasa
- 3 libras de carne molida
- 2 cucharadas de camarones secos
- 1 taza de ostras ahumadas
- ¼ taza de miel
- Sal al gusto

INSTRUCCIONES:

a) Remoje los frijoles pintos durante la noche. A la mañana siguiente escurrimos las judías, desechando las que estén flotando.

b) Calentar agua o caldo de res, agregar los pintos. Llevar a ebullición lenta, reducir el fuego, agregar las hojas de laurel y cocinar a fuego lento durante dos horas. Mientras los frijoles hierven a fuego lento, ponga una cucharada de semillas de comino y una cucharada de semillas de mostaza negra en una sartén pequeña y seca. Encienda el fuego a fuego alto y cocine, revolviendo constantemente, hasta que las semillas *simplemente* comiencen a reventar. Retirar del fuego inmediatamente y triturar en un mortero o procesador de alimentos. Reservar.

c) Luego, agregue todas las especias secas, los tomates y los chiles chipotles a los frijoles. Revuelva bien. Agregue la salsa inglesa y el nuoc mam, revuelva. Ponga cuatro cucharadas de aceite en una sartén grande, pique las cebollas y los chiles jalapeños y fríalos a fuego medio hasta que las cebollas estén transparentes. Agregue a la olla de chile y revuelva. Corte una libra de kielbasa, dórela en una sartén y agréguela al chile. Ahora dore tres libras de carne molida, cortándola con una espátula en trozos pequeños. Retirar del fuego, escurrir y agregar al chile.

d) Ahora presione dos cabezas (unos 25 dientes) de ajo en el chile. Agrega los camarones secos y las ostras ahumadas. Revuelva, deje hervir, reduzca a fuego medio y cocine, tapado, durante una o dos horas más, revolviendo ocasionalmente. Unos quince minutos antes de servir agregue un cuarto de taza de miel, revuelva y sal al gusto. Retirar del fuego y servir.

87. Tazones de rollitos de primavera de calabacín

Ingredientes
- 3 cucharadas de mantequilla de maní cremosa
- 2 cucharadas de jugo de lima recién exprimido
- 1 cucharada de salsa de soja reducida en sodio
- 2 cucharaditas de azúcar moreno oscuro
- 2 cucharaditas de sambal oelek (pasta de chile fresco molido)
- 1 libra de camarones medianos, pelados y desvenados
- 4 calabacines medianos, en espiral
- 2 zanahorias grandes, peladas y ralladas
- 2 tazas de repollo morado rallado
- ⅓ taza de hojas de cilantro fresco
- ⅓ taza de hojas de albahaca
- ¼ de taza de hojas de menta
- ¼ taza de maní tostado picado

Direcciones

a) PARA LA SALSA DE MANÍ: Batir la mantequilla de maní, el jugo de limón, la salsa de soja, el azúcar moreno, el sambal oelek y 2 a 3 cucharadas de agua en un tazón pequeño. Refrigere por hasta 3 días, hasta que esté listo para servir.

b) En una olla grande con agua hirviendo con sal, cocine los camarones hasta que estén rosados, aproximadamente 3 minutos. Escurrir y enfriar en un recipiente con agua helada. Escurrir bien.

c) Divida los calabacines en recipientes para preparar comidas. Cubra con camarones, zanahorias, repollo, cilantro, albahaca, menta y maní. Se mantendrá tapado en el refrigerador de 3 a 4 días. Servir con la salsa picante de maní.

88. Ensalada de quinua y camarones

Rinde: 4 porciones

INGREDIENTES

- 1 taza de quinua, cocida
- ½ libra de camarones; cocido; en dados de 1/2 pulgada
- ½ taza de cilantro fresco; picado muy fino
- ¼ de taza de cebollino fresco o cebolla verde
- 1 chile jalapeño de cada uno; picado
- 1 diente de ajo de cada uno; picado
- 1 cucharadita de sal
- ½ cucharadita de pimienta negra
- 3 cucharadas de jugo de lima
- 1 cucharada de miel
- 1 cucharada de salsa de soja
- 2 cucharadas de aceite de oliva

INSTRUCCIONES

a) Para el aderezo, mezcle el jalapeño, el ajo, la sal, la pimienta, el jugo de limón, la miel, la salsa de soja y el aceite de oliva. Mezcle suavemente con la quinua.

b) Sazonar al gusto.

89. Camarones con resaca

Rinde: 1 porciones
Ingrediente
- 32 onzas de jugo V-8
- 1 lata de cerveza
- 3 chiles jalapeños (o habaneros)
- 1 cebolla grande; Cortado
- 1 cucharadita de sal
- 2 dientes de ajo; Cortado
- 3 libras de camarones; pelado y desvenado

Direcciones

a)   Coloque todos los ingredientes, excepto los camarones, en una olla grande y déjelos hervir.

b)   Agrega los camarones y retira del fuego. Dejar reposar unos 20 minutos. Escurrir y enfriar los camarones.

c)   Formateado y reventado por Carriej999@...

90. Rollitos de camarones en molinete

Rinde: 4 porciones

INGREDIENTES

g) 5 huevos grandes
h) 1 cucharada de aceite para ensalada
i) 1 libra de camarones crudos; desgranado, desvenado
j) 2 cucharaditas de sal
k) ⅓ taza de pan rallado fino seco
l) 1 cucharadita de jengibre fresco finamente picado
m) 1 clara de huevo
n) ⅛ cucharadita de pimiento picante en polvo
o) ¼ cucharadita de pimienta blanca
p) 2 cucharadas de vermú
q) ¼ taza de caldo de pollo o pescado
r) 2 cucharadas de cebollín finamente picado; solo parte blanca
s) ½ Pimiento rojo o pimiento morrón cortado en cubitos
t) 1 zanahoria pequeña; triturado
u) 8 guisantes; cortado en cubitos
v) ¼ taza de salsa de ostras
w) ¼ taza de caldo de pollo
x) 1 cucharada de salsa de soja
y) 1 cucharada de salsa tabasco
z) 1 cucharadita de jengibre fresco molido

INSTRUCCIONES:

- Batir los 5 huevos hasta que estén bien mezclados. Unte una sartén revestida de teflón con la mitad del aceite para ensalada.
- Calienta la sartén y vierte la mitad de los huevos, girando la sartén para que los huevos cubran el fondo de la sartén.
- Cocine el crepe de huevo hasta que cuaje. Retirar de la sartén y dejar enfriar. Repetir.
- Frote los camarones con 1 cucharadita. sal y lavar bien con agua corriente fría. Escurrir los camarones y secarlos.
- Pique los camarones con encendido/apagado del procesador de alimentos y transfiéralo a un tazón grande para mezclar.
- Agregue la sal restante, el pan rallado, el jengibre, la clara de huevo, la pimienta, el vermú, el caldo de pollo o pescado y las cebolletas. Revuelva vigorosamente hasta que la mezcla se mezcle.
- Agregue los guisantes cortados en cubitos y el pimiento rojo dulce o el pimiento.
- Unte ½ mezcla de camarones sobre un crepe de huevo, cubra con la mitad de las zanahorias ralladas y enróllelo. Repetir con el otro crepe.
- Coloque los rollos de camarones en un plato en una vaporera y cocine al vapor durante 10 minutos. Sirva con salsa de ostras. ostra

SALSA:

- Mezcle, caliente en una cacerola y sirva caliente con rollos de camarones.

91. Pasta con pesto con queso, camarones y champiñones

Porciones por receta: 8

Ingredientes
- 1 paquete (16 oz) de pasta linguini
- 1 taza de pesto de albahaca preparado
- 2 cucharadas de aceite de oliva
- 1 libra de camarones cocidos, pelados y desvenados
- 1 cebolla pequeña, picada
- 20 champiñones, picados
- 8 dientes de ajo, rebanados
- 3 tomates roma (ciruela), cortados en cubitos
- 1/2 taza de mantequilla
- 2 cucharadas de harina para todo uso
- 2 tazas de leche
- 1 pizca de sal
- 1 pizca de pimienta
- 1 1/2 taza de queso romano rallado

Direcciones

a) En una cacerola grande con agua hirviendo ligeramente salada, agregue la pasta y cocine durante unos 8-10 minutos o hasta que esté cocida, escurra bien y reserve.
b) En una sartén grande, caliente el aceite a fuego medio y saltee la cebolla durante unos 4-5 minutos.
c) Agrega la mantequilla y el ajo y saltea durante aproximadamente 1 minuto.
d) Mientras tanto, en un bol, mezcle la leche y la harina y vierta en una sartén, revolviendo continuamente.
e) Agregue la sal y la pimienta negra y cocine, revolviendo durante unos 4 minutos.
f) Agrega el queso, revolviendo continuamente hasta que se derrita por completo.
g) Agregue el pesto y los camarones, los tomates y los champiñones y cocine durante unos 4 minutos o hasta que estén completamente calientes.
h) Agregue la pasta y revuelva para cubrir y sirva inmediatamente.

92. Camarones Al Pesto Con Queso Y Pasta

Porciones por receta: 8

Ingredientes
- 1 libra de pasta linguini
- 1/3 taza de pesto
- 1/2 taza de mantequilla
- 1 libra de camarones grandes, pelados y desvenados
- 2 tazas de crema espesa
- 1/2 cucharadita de pimienta negra molida
- 1 taza de queso parmesano rallado

Direcciones

a) En una cacerola grande con agua hirviendo ligeramente salada, agregue la pasta y cocine durante unos 8-10 minutos o hasta que esté cocida, escurra bien y reserve.
b) Mientras tanto, derrita la mantequilla en una sartén grande a fuego medio. Añade la nata y la pimienta negra y cocina, revolviendo continuamente durante unos 6-8 minutos.
c) Agrega el queso y revuelve hasta que esté bien combinado. Agregue el pesto y cocine, revolviendo continuamente durante unos 3-5 minutos.
d) Agrega los camarones y cocina durante unos 3-5 minutos. Servir caliente con pasta.

93. Camarones al coco con hummus al curry

Rinde: 2 docenas

INGREDIENTES
- ¾ taza desmenuzado sin azúcar
- Coco (aproximadamente 2 oz)
- 12 camarones medianos, sin cáscara
- Reducido a la mitad a lo largo,
- y desvenado
- Sal y pimienta
- 3 cucharadas de miel
- ½ taza de hummus preparado (aproximadamente 4 oz)
- 2 cucharaditas de curry de Madrás en polvo
- 24 Pappadums en miniatura o
- 2 panes pita
- Partir a la mitad
- Horizontalmente, luego corte
- En gajos y tostadas
- 24 hojas de cilantro

INSTRUCCIONES:
a) Precalienta el horno a 350 F. Tuesta el coco durante unos 5 minutos, revolviendo ocasionalmente, hasta que esté dorado y crujiente. Transfiera a un plato y deje enfriar.
b) Sazone los camarones con sal y pimienta y unte con miel.
c) Mezcle los camarones en el coco y colóquelos en una bandeja para hornear.
d) Hornee durante unos 7 minutos o hasta que los camarones estén bien cocidos. Dejar enfriar.

En un tazón pequeño, combine el hummus y el curry en polvo. Transfiera a una manga pastelera provista de una punta redonda pequeña y coloque una cantidad del tamaño de una moneda de diez centavos de hummus al curry de cada pappadum (o trozo de pita). O coloque hummus sobre el pappadum. Cubra cada pappadum con camarones al coco, decore con una hoja de cilantro y sirva.

94. Camarones Con Mantequilla De Ajo

INGREDIENTES

1 libra de camarones crudos, pelados y desvenados
4 dientes de ajo, picados
4 cucharadas de mantequilla
Sal y pimienta para probar
Rodajas de limón para servir
INSTRUCCIONES

Derrita la mantequilla en una sartén a fuego medio.

Agregue el ajo picado y saltee durante 1-2 minutos hasta que esté fragante.

Agrega los camarones a la sartén y sazona con sal y pimienta.

Cocine durante 3-4 minutos hasta que los camarones se pongan rosados y estén bien cocidos.

Sirva caliente con rodajas de limón a un lado.

95. Camarones Cajún Y Arroz

INGREDIENTES

1 libra de camarones crudos, pelados y desvenados
2 cucharadas de condimento cajún
1/2 cucharadita de sal
2 cucharadas de mantequilla
1 cebolla, picada
1 pimiento verde, picado
2 dientes de ajo, picados
1 taza de arroz blanco crudo
2 tazas de caldo de pollo
Perejil picado para decorar

INSTRUCCIONES

Sazone los camarones con condimento cajún y sal.

Derrita la mantequilla en una sartén grande a fuego medio-alto.

Agregue la cebolla picada y el pimiento verde a la sartén y saltee durante 3-4 minutos hasta que se ablanden.

Agregue el ajo picado y saltee durante 1-2 minutos hasta que esté fragante.

Agregue el arroz a la sartén y revuelva para cubrirlo con la mantequilla y las verduras.

Vierta el caldo de pollo y deje hervir.

Reduzca el fuego a bajo, cubra y cocine a fuego lento durante 15 a 20 minutos hasta que el arroz esté cocido.

Agregue los camarones sazonados a la sartén y cocine durante 3-4 minutos hasta que los camarones se pongan rosados y estén bien cocidos.

Servir caliente con perejil picado encima.

96. Tacos de camarones

INGREDIENTES

1 libra de camarones crudos, pelados y desvenados
2 cucharadas de aceite de oliva
2 cucharadas de condimento para tacos
8 tortillas de maiz
Repollo o lechuga rallada
Tomate cortado en cubitos
aguacate en rodajas
CCrea agria
Gajos de lima para servir

INSTRUCCIONES

Sazone los camarones con condimento para tacos.

Calienta el aceite de oliva en una sartén grande a fuego medio-alto.

Agregue los camarones a la sartén y cocine durante 3-4 minutos hasta que los camarones se pongan rosados y estén bien cocidos.

Caliente las tortillas en una sartén seca o en el microondas.

Prepare tacos con repollo o lechuga rallado, tomate cortado en cubitos, aguacate en rodajas, camarones cocidos y una cucharada de crema agria.

Sirva caliente con rodajas de lima a un lado.

97. <u>Camaron Alfredo</u>

INGREDIENTES

1 libra de camarones crudos, pelados y desvenados
1 libra de pasta fetuccine
1/2 taza de mantequilla
2 dientes de ajo, picados
2 tazas de crema espesa
1/2 taza de queso parmesano rallado
Sal y pimienta para probar
Perejil picado para decorar

INSTRUCCIONES

Cocine la pasta según las instrucciones del paquete y escúrrala.

Sazone los camarones con sal y pimienta.

Derrita la mantequilla en una sartén grande a fuego medio.

Agregue el ajo picado y saltee durante 1-2 minutos hasta que esté fragante.

Agregue los camarones a la sartén y cocine durante 3-4 minutos hasta que los camarones se pongan rosados y estén bien cocidos.

Vierta la crema espesa y el queso parmesano rallado en la sartén y revuelva para combinar.

Cocine durante 2-3 minutos hasta que la salsa espese.

Sazone con sal y pimienta al gusto.

Sirva caliente sobre pasta fettuccine cocida y decore con perejil picado.

98. Arroz frito con camarones

INGREDIENTES

1 libra de camarones crudos, pelados y desvenados
3 tazas de arroz cocido, enfriado
2 cucharadas de aceite vegetal
1 cebolla, picada
2 zanahorias, cortadas en cubitos
2 dientes de ajo, picados
2 huevos, ligeramente batidos
1/2 taza de guisantes congelados
2 cucharadas de salsa de soja
Sal y pimienta para probar

INSTRUCCIONES

Calienta el aceite vegetal en una sartén grande a fuego medio-alto.

Agrega la cebolla picada y las zanahorias picadas a la sartén y saltea durante 3-4 minutos hasta que se ablanden.

Agregue el ajo picado y saltee durante 1-2 minutos hasta que esté fragante.

Agregue los camarones crudos a la sartén y cocine durante 3-4 minutos hasta que los camarones se pongan rosados y estén bien cocidos.

Empuje las verduras y los camarones a un lado de la sartén y vierta los huevos batidos en el otro lado.

Revuelve los huevos hasta que estén cocidos y mézclalos con las verduras y los camarones.

Agregue el arroz cocido y los guisantes congelados a la sartén y revuelva para combinar.

Sazone con salsa de soja, sal y pimienta al gusto.

Cocine durante 2-3 minutos hasta que el arroz frito esté bien caliente.

Servir caliente.

99. Curry De Camarones Y Coco

INGREDIENTES

1 libra de camarones crudos, pelados y desvenados
1 cucharada de aceite vegetal
1 cebolla, picada
2 dientes de ajo, picados
1 cucharada de jengibre rallado
1 cucharada de curry en polvo
1 lata (14 onzas) de leche de coco
1 cucharada de salsa de pescado
1 cucharada de azúcar moreno
Sal y pimienta para probar
cilantro picado para decorar

INSTRUCCIONES

Calienta el aceite vegetal en una olla grande a fuego medio-alto.

Agrega la cebolla picada, el ajo picado y el jengibre rallado a la olla y saltea durante 3-4 minutos hasta que se ablanden.

Agregue el curry en polvo y cocine durante 1-2 minutos hasta que esté fragante.

Agregue los camarones crudos a la olla y cocine durante 3-4 minutos hasta que los camarones se pongan rosados y estén bien cocidos.

Vierta la leche de coco, la salsa de pescado y el azúcar morena en la olla y revuelva para combinar.

Sazone con sal y pimienta al gusto.

Cocine a fuego lento durante 5 a 10 minutos hasta que el curry espese.

Sirva caliente con cilantro picado encima.

100. Brochetas De Camarones A La Parrilla

INGREDIENTES

1 libra de camarones crudos, pelados y desvenados
2 cucharadas de aceite de oliva
2 dientes de ajo, picados
1 cucharada de pimentón ahumado
1 cucharadita de comino
Sal y pimienta para probar
Brochetas de madera, remojadas en agua durante 30 minutos.

INSTRUCCIONES

En un bol, mezcle el aceite de oliva, el ajo picado, el pimentón ahumado, el comino, la sal y la pimienta.
2. Agregue los camarones crudos al tazón y revuelva para cubrirlos.

Ensarte los camarones en brochetas de madera que hayan estado remojadas en agua durante 30 minutos.

Calienta una parrilla o sartén a fuego medio-alto.

Ase las brochetas de camarones durante 2-3 minutos por lado hasta que los camarones se pongan rosados y estén bien cocidos.

Servir caliente.

CONCLUSIÓN

Esperamos que haya disfrutado de nuestro Libro de cocina con camarones y haya encontrado algunas de sus recetas favoritas nuevas para probar. Los camarones son un ingrediente delicioso y nutritivo que puede darle un toque especial a cualquier comida. Ya sea que esté cocinando para una multitud o solo para usted mismo, las recetas de este libro de cocina seguramente lo impresionarán.

Recuerde seleccionar siempre los camarones más frescos y de mayor calidad posible y siga nuestros consejos de cocina para garantizar los mejores resultados. Y no tengas miedo de experimentar y hacer tuyas estas recetas agregando tus ingredientes y condimentos favoritos.

Gracias por acompañarnos en este viaje culinario de camarones. ¡Feliz cocina!

www.ingramcontent.com/pod-product-compliance
Lightning Source LLC
Chambersburg PA
CBHW070658120526
44590CB00013BA/1017